Nebenjob 2008

Je mehr Vergnügen Du an Deiner Arbeit hast,
desto besser wird sie bezahlt werden.

Mark   Twain
✝ 21.04.1910

Nebenjob 2008

Oder: So findest Du den „Richtigen"

Autor: Jona Cambatzu

© 2008 Jona Cambatzu

Herstellung und Verlag:
Books on Demand GmbH, Norderstedt

"Nebenjob 2008", Ausgabe 2008
ISBN 9783837015478

Bibliografische Information der Deutschen Nationalbibliothek
Die Deutsche Nationalbibliothek verzeichnet diese Publikation in der Deutschen Nationalbibliografie; detaillierte bibliografische Daten sind im Internet über http://dnb.d-nb.de abrufbar.

Inhaltsverzeichnis

Vorwort

Deutschland – Das Land der Steuern, Abgaben, Bürokratie.

Jedes Monatsende bleibt nur noch die Spinnwebe im Geldbeutel. Kleinigkeiten, die man sich selbst oder den Kindern gerne gönnen würde, können nicht gekauft werden, so manche Leckereien, die man gerne kochen würde, bleiben im Supermarktregal liegen (vom Essen gehen noch gar nicht gesprochen) und sehnsüchtig wartet man auf den nächsten Geldeingang vom Chef.

Ich wage die These aufzustellen, dass jeder von uns, zumindest DU, der Du diese Zeilen liest, schön länger darüber nachgedacht hat, wie man den einen oder anderen Euro dazu verdienen kann. Jedes mal die Freude darüber, dass die Erbtante mal 20 € hat springen lassen, die Mutter den Kühlschrank mit selbst gekochter Suppe gefüllt hat, oder die Oma etwas dazu gesteuert hat, ist auch nicht der Weg, langfristig ´was auf die „hohe Kante" zu bringen.

Wenn Du also auch zu denen gehörst, die nach einem Job suchen, um sich das eine oder andere gönnen zu können, laufende Rechnungen pünktlich zu bezahlen oder einfach nur den nächsten Urlaub finanzieren möchtest: Dieses Buch wird Dir helfen, zwischen den „guten" und „schlechten" Jobs zu unterscheiden.

Es wird Dir helfen, im Dschungel der Angebote den Weg zu finden, den Du für Dich gehen möchtest. Es wird Dir helfen, nicht auf unseriöse Angebote hereinzufallen und die schwarzen Schafe anhand bestimmter Merkmale sofort zu erkennen.

Dieses Buch wird Dir Tipps geben, WIE Du seriöse und unseriöse Angebote unterscheiden kannst. Es wird Dir helfen, Deine Jobsuche zu planen und es wird Dir helfen, Dich selbst zu organisieren. Manchmal kann man alleine durch das Umstellen von persönlichen Lebensgewohnheiten schon dafür sorgen, dass unter dem Strich mehr Geld übrig bleibt.

Denn es gilt: Jeder Euro, den man zusätzlich verdient, entlastet die Haushaltskasse. ABER: Bleib realistisch und erwarte nicht zuviel!

Letztendlich liegt es immer an Dir selbst, was Du aus Dir und Deinem Engagement machst und ob Du schlau genug gewesen bist, Dein Leben so zu organisieren, das Dir Geld übrig bleibt und, wenn das nicht ausreicht, letztendlich den richtigen Job für Dich zu finden.

Lass Dich bei Deiner Suche also nicht entmutigen. Erwarte nicht, nur weil Du dieses Buch liest, dass in den nächsten Stunden Dein Leben von Glück und Geld nur so übersprudelt. Das zu versprechen ist unrealistisch, unfair und schlichtweg gelogen.

Vieles von dem, was Du im Folgenden liest, wirst Du vielleicht schon wissen. So manches wird Dir vertraut vorkommen, weil Du es vielleicht schon praktizierst. Wiederum andere Tipps werden neu für Dich sein.

Das Buch ist so aufgebaut, dass Du zuerst Dein Umfeld analysierst, um festzustellen, wo Du im täglichen Leben Geld einsparen kannst, ohne Dich dabei zu sehr verrenken zu müssen. Hier liegt das meiste Potential für Einsparungen. Denn das Geld, das Du hier einsparst, musst Du nicht erst durch einen Nebenjob verdienen. Betrachte dieses Buch aber nicht als die Bibel zur Jobsuche, sondern als Hilfe zur Selbsthilfe.

Denn alles, was Du nachfolgend lesen wirst, spiegelt Erfahrungen wider, die ich selbst oder andere bereits gemacht haben. Aus Fehlern lernt man, und man weiß, wo die Fallstricke bei Nebenjobs liegen.

Entscheide selbst, was Du in Deinem Leben von dem, was Du liest, anwenden kannst und was nicht.

Ich hoffe, dass ich Dir mit diesem Buch helfen kann, für Deine finanzielle Zukunft die richtigen Weichen zu stellen. Ich wünsche Dir, dass Du mittelfristig den Nebenjob findest, der Dir liegt, mit dem Du in einem wirtschaftlich sinnvollen Verhältnis zu Deiner Freizeit ein Einkommen erzielen kannst, welches Dich finanziell entlastet.

Zuletzt noch eine Sache vorweg: Mein Schreibstil mag nicht jedem liegen. Dennoch stehe ich dazu, auch wenn ich manche Dinge umgangssprachlich sehr deutlich ausdrücke, …

Viel Spaß beim Schmökern…..

Kapitel 1

Definition: Was ist ein „Job"

Zitat aus Wikipedia: „Der Begriff Job … bezeichnet in der **Umgangssprache** einen **Arbeitsplatz,** eine **Stellung,** eine **berufliche** Tätigkeit, eine (vorübergehende) einträgliche Beschäftigung zum Zweck des Gelderwerbs; in der elektronischen Datenverarbeitung einen einzelnen vom Betriebssystem eines Computers abzuarbeitenden Auftrag … „ (Zitat Ende).

OK, fangen wir an. Ich gehe bei den nachfolgenden Ausführungen davon aus, dass Du einen festen Arbeitsplatz hast, mit dem Du die wesentlichen Kosten Deines Lebens finanzieren kannst.

Die Betonung liegt auf „wesentlichen" Kosten. Denn zumeist ist es so, dass die Entlohnung nicht ausreicht, ansonsten hättest Du Dir das Buch nicht zugelegt. Selten hat man am Monatsende soviel Geld übrig, dass man sich ohne Gewissensbisse etwas Luxus leisten kann.

Dass Du jetzt einen Nebenjob suchst, kann viele Gründe haben: Langfristige Schulden, Finanzierung von Einrichtung, Renovierung, Geschenke, Urlaub, etc. Huuuups, Urlaub. Code Red!!!

Sicher, auch ich kenne Menschen, deren Schulden nur daraus bestehen, das Sie sich teure Urlaubsreisen leisten. Kredit aufgenommen, in den Urlaub gefahren, und dann das ganze folgende Jahr gearbeitet, damit der Kredit wieder abgezahlt wird. Und nächstes Jahr das gleiche Spiel.

Dieses Spiel kenne ich, ich habe es genauso gemacht.

Tja, wenn's funktioniert, dann sage ich nur: Glück gehabt. Wenn es aber nicht funktioniert, dann hast Du ein Problem.

Zumeist wird also nach einem „Job" gesucht, weil man(n) oder frau mehr Geld braucht. Das ist legitim und niemand muss sich dafür schämen.

Aber Vorsicht: Job ist nicht gleich Job. Während es in den USA selbstverständlich ist, mehrere Jobs gleichzeitig zu haben, um das notwendige Einkommen zu erzielen, ist es im klassischen Europa eher so, dass man eine feste Anstellung hat und zusätzlich eine so genannte „nebenberufliche Tätigkeit" ausübt.

Hier siehst Du den Unterschied der Lebenseinstellung. Man sagt und liest zwar oft, dass die USA den Europäern in vielen Dingen um 10 Jahre voraus ist, aber in bestimmten Bereichen möchte ich lieber in Europa abgesichert sein, als über'm Teich mich selbst darum kümmern zu müssen.

Während in Amerika für viele Arbeitnehmer ihre Festanstellung also nur ein „Job" ist, ist für uns Europäer die Festanstellung das Maß der Lebensqualität.

Im Gegenteil, Menschen hierzulande, welche ihre Tätigkeit als „Job" sehen und keine Probleme haben, ein halbes Jahr zu schuften, um dann das andere halbe Jahr in der Welt herumzureisen, werden allzu leicht als emotional nicht gefestigte, flatterhafte oder nicht zur Ruhe gekommene Wesen eines anderen Sterns angesehen.

Und dennoch beneiden wir im Grunde unseres Herzens diese Menschen, weil wir sehen, dass diese genau das tun, was wir uns für uns selbst immer wünschen würden – wegzukommen, andere Länder zu sehen, Erfahrungen zu sammeln, und so weiter. Es hat schon seinen Grund, dass viele Fernsehsender Reportagen über Auswanderer und deren Leben zeigen. Damit befriedigen sie unseren geheimen Wunsch, auch mal aus den Zwängen und Formen ausbrechen zu können, um woanders neu anfangen zu können.

Aber mal ehrlich: Mit der richtigen Planung und Organisation kannst auch Du diesen Wünschen und Zielen ein großes Stück näher kommen.

Kommen wir zurück zur Bezeichnung „Job". In Deutschland gibt es die so genannte „nebenberufliche Beschäftigung", auch „Minijob" oder „400,- €-Job" genannt. Egal wie Du es nennst, es ist immer das gleiche.

Das Prinzip funktioniert so, dass Du bis zu einer bestimmten Einkommensgrenze Geld bekommst, für das Du als „Jobber" keine Sozialabgaben bezahlen musst, sondern diese von Deinem Arbeitgeber übernommen werden. Diese Pauschalabgaben betragen derzeit Stand 2008 30 %.

Das heißt, wenn Du jeden Monat gerundet 400,- € ausbezahlt bekommst, kostet das Deinen Nebenjobbrötchengeber 520,- €. Nämlich den Lohn plus die 30 Prozent in Höhe von 120,- €.

Zuzüglich der Kosten die er vielleicht hat, um Dich für die Tätigkeit auszustatten: Arbeitskleidung, Codekarten für das Betreten des Arbeitsgeländes, Werkzeug, etc.

Mit diesem Aufwand für Dich ist es aber immer noch nicht getan. Du musst verwaltet werden. Die Buchhaltung, Dich als „Mitarbeiter" zu führen, kostet auch wieder Geld.

Der Steuerberater des Unternehmens muss Dich verwalten, die Berufsgenossenschaft muss bezahlt werden, und so weiter. Du bekommst Deine monatliche Abrechnung auch vielleicht per Post zugeschickt, der Versand kostet Porto.

Du siehst an diesen – nur sehr oberflächlichen – Ausführungen, dass hier ein gewaltiger Rattenschwanz dranhängt. Vielleicht habe ich Punkte nicht erwähnt, die noch wichtig sind und Geld kosten – wie dem auch sei – Du siehst, jeder „Job", egal wie wir ihn bezeichnen wollen, bringt für den Arbeitgeber erst mal eine Menge an Kosten.

So ein Minijob kostet bei o.g. Ausstattung mit rund 400,- € monatlicher Auszahlung dem Arbeitgeber schnell bis zu 600,- € und mehr, je nachdem, wie effizient das Unternehmen arbeitet. Das ist ein Haufen Geld.

Dieses Geld muss der Arbeitgeber mit Dir und Deiner geleisteten Arbeit erst mal erwirtschaften, damit DU Deinen Nebenjob behalten kannst.

Worauf will ich hinaus, wirst Du Dich vielleicht fragen?

Nun, alles kostet Geld. Auch der „Job". Letztendlich ist es immer die Qualität der Arbeit, die Du oder ich ableisten, um den „Job" zu **re**finanzieren. Das bedeutet sehr vereinfacht erklärt: Je wichtiger Du den „Job" nimmst, desto eher ist gesichert, das Du ihn auch behalten kannst.

Denn die Qualität der Arbeit, die Du als Ergebnis Deiner Bemühungen ablieferst, sichert wiederum die wirtschaftliche Existenz Deines Arbeitgebers. Ist die wirtschaftliche Existenz gesichert, ist auch der Job gesichert. Meistens.

Leider hört man viel zu oft, dass Arbeitsplätze abgebaut werden „müssen", um die Existenz des Unternehmens zu sichern. Ich bin Laie auf diesem Gebiet, deswegen sei mir meine naive Meinung bitte verziehen.

Aber, liebe Arbeitgeber, die Ihr diese Zeilen vielleicht auch lest, fragt euch mal ehrlich was Ihr wirklich investiert habt, um die Qualifikation eurer Mitarbeiter zu sichern?

Fragt euch mal ehrlich, welche Maßnahmen Ihr ergriffen habt, in „guten" Zeiten des Unternehmens nach Sparpotentialen zu suchen, die die „schlechten" Zeiten verhindern oder mindern mögen.

Jeder Laie wie ich, der sich mit dem Thema auseinander setzt, weiß, dass man in guten Zeiten für die schlechten vorsorgen muss. Jede gute Hausfrau weiß das. JEDER weiß das. Oder sollte es wissen.

Und dennoch ist es so, das in Konzernen die Gehälter der Vorstandschaft ohne Probleme erhöht werden können, während eure Mitarbeiter, die das Eisen aus dem Feuer holen, jahrelang auf eine Gehaltserhöhung warten müssen und diese durch die Inflation gleich wieder aufgefressen wird. Und da geht es nicht um eine Erhöhung von Millionen pro Jahr. Diese Gehaltserhöhungen eurer Mitarbeiter werden aufgefressen durch gestiegene Lebenshaltungskosten, Ausbildung der Kinder, Reparaturen am sauer finanzierten Haus, Auto und so weiter.

Mittlerweile sind wir schon so weit, das die Politik (Frau Bundeskanzlerin Angela Merkel) öffentlich diese Millionenzahlungen an einzelne Personen kritisiert.

Wenn Ihr, liebe Arbeitgeber, also wirklich vorgesorgt habt, und eure Bemühungen trotz allen Anstrengungen nicht gefruchtet haben, dann stellt Euch vor Eure Mitarbeiter, und sagt Ihnen das. Floskeln nützen da nix mehr, die nehmen Euch das nicht ab.

Und glaubt mir liebe Arbeitgeber – Eure Mitarbeiter wissen, was Ihr getan habt und was Ihr versäumt habt.

Ehrlich währt am längsten, und eure Belegschaft steht hinter euch, wenn Ihr ehrlich mit Ihnen seid.

Es gibt aber immer zwei Seiten des Schwertes. Die Verantwortung nur auf die Arbeitgeber abzuwälzen, löst nicht das Problem oder die Ursache, sondern beschreibt nur das Symptom.

Auch die Arbeitnehmer müssen sich fragen lassen, ob sie alles getan haben, um zur wirtschaftlichen Sicherung des Unternehmens mit beizutragen.

Bedauerlicherweise leben wir heutzutage in einer Zeit, in der dank Internet jeder sehr gut über seine „Rechte" informiert ist. Wir wissen alle, was uns „zusteht".

Berechtigt, denn kein Arbeitnehmer will beschissen werden. Berechtigt, denn jeder verantwortungsbewusste Arbeitgeber, der seine Mitarbeiter noch als Menschen sieht, würde gute Kräfte übervorteilen wollen.

Leider kann man jedoch in zunehmendem Maße feststellen, dass die Arbeitsmoral, die Mentalität, „arbeiten" zu wollen, sehr stagniert.

Vielleicht spreche ich einigen Arbeitgebern aus der Seele, wenn diese sich mit besagten chronisch „Zu-Spät-Kommenden" oder den „Zu-Früh-Gehenden" rumschlagen müssen.

Krankzeiten bezahlen zu müssen, bei denen mehr als offensichtlich ist, dass diese nicht unbedingt notwendig wären. Die Montagskranken, die wegen Übelkeit zuhause bleiben, weil sie am Samstag und Sonntag Flatratesaufen exerziert haben und deswegen montagmorgens nicht auf die Beine kommen. Und sich damit „Urlaubstage" verschaffen, die Ihnen nicht zustehen.

Die Freitagskranken, damit ein verlängertes Wochenende rausspringt. Den Urlaubskranken, die sich zwei Wochen lang am Ballermann die Birne vollgekippt haben und erholungsbedürftig zurückkommen und dem Unternehmen damit noch mehr Geld kosten, weil sie nicht erholt und leistungsfähig sind.

Den besonders schlauen Mitarbeitern, welche auf Unternehmenskosten privat telefonieren oder im Internet surfen und damit ihre privaten Kosten vielleicht minimieren mit der schalen Entschuldigung, der „Chef soll ruhig zahlen, ich bekomme ja eh keine Gehaltserhöhung"?

Den Rauchern, die während der Arbeitszeit „eine Rauchen" müssen, damit der „Stress" kompensiert werden kann? Den Dieben, welche Material und Werkzeug, welches der Arbeitgeber gekauft hat, mit nach Hause nehmen und damit renovieren, instand halten, verschenken oder einfach nur schaden wollen? Die Mitläufer, die denken, wenn der das kann, kann ich es auch?!?

Was denkt Ihr euch eigentlich dabei, eure Arbeit als Mittel zum Zweck zu sehen?

Es gibt Statistiken, welche die Kosten des Schadens beziffern. Es geht in die Milliarden. Pro Jahr.

Eines muss klar und deutlich gesagt werden: Asche auf unser aller Haupt! Denn niemand, egal ob Arbeitgeber oder Arbeitnehmer ist ein Heiliger. Seien wir ehrlich zu uns selbst. Denn nur wenn wir ehrlich sind, können wir zugeben, dass jeder von uns versucht einen Mehrwert zu erhalten, um angesichts der schwierigen Zeiten nicht auf der Strecke zu bleiben. Egal ob Arbeitgeber oder Arbeitnehmer. Jeder auf seine Weise.

Und ich möchte den Menschen sehen, der zu 100 % korrekt ist. Und noch nie einen Kugelschreiber vom Schreibtisch mit nach Hause genommen hat. Denn im Grunde ist das bereits Diebstahl. Ein kleiner halt, der niemandem weh tut.

Worum geht es dann bei der Definition Job? Was ist die zentrale Frage, wie man einen „Nebenjob" für das tägliche Leben, wie wir es führen, definiert?

Diese Definition, diese Beschreibung, diese Charakteristik und Bedeutung des Wortes musst Du für Dich selber finden.

Du musst für Dich selbst herausfinden, was Du mit diesem „Job" bezwecken willst. Dient er zur Finanzierung von Dingen, die Du Dir ohne diesen Job nicht leisten könntest, dann arbeite nebenberuflich. Würdest Du das nicht tun, aber Dir trotzdem Dinge zulegen, die Du Dir eigentlich „nicht leisten" kannst, überschuldest Du Dich.

Suchst Du den Job, weil Deine hauptberufliche Tätigkeit nicht ausreicht, die laufenden Kosten zu decken, dann musst Du zusätzlich nebenbei arbeiten. Denn würdest Du das nicht tun, wäre der gleiche Effekt gegeben. Du überschuldest Dich.

Bist Du auf der Suche nach einem Job, weil Du genügend Geld hast (ich freu mich dann mit Dir), aber nicht ausgelastet bist, nun, dann gibt es zwei Möglichkeiten: Erstens: Spreche mit Deinem Hauptarbeitgeber, damit Du ausgelastet wirst. Vielleicht springt dann auf dem Gehaltszettel auch mehr raus und Du brauchst den Nebenjob nicht mehr. Und wenn das nicht geht, Zweitens: Such Dir einen Nebenjob.

Wobei diese Variante der Jobsuchenden wohl eher die Ausnahme sein wird. Außer Du hast echt soviel Zeit, dass Dir zuhause die Decke auf den Kopf fällt.

Egal zu welcher Truppe der Jobsuchenden Du Dich zählst, so ist das grundlegende Thema immer mehr Geld zu verdienen zu wollen oder zu müssen.

Kapitel 2

Warum arbeiten wir?

Kennst Du die klassische Frage der Evolutionstheoretiker? Wer war zuerst da: Die Henne oder das Ei?

Im Prinzip eigentlich für die meisten schnurzpiepsegal, aber dennoch interessant.

Stellt man Menschen die Frage warum sie arbeiten, kommen die skurrilsten Antworten raus. Zumeist wird gesagt, man müsse ja schließlich leben, andere denken weiter und wollen arbeiten um sich für das Alter abzusichern, andere leben um zu arbeiten (Workaholics) und so weiter.

Dabei ist die Antwort doch so einfach.

Wir arbeiten, weil es in der Natur des Menschen liegt. Unser Körper arbeitet, seitdem wir gezeugt wurden. Unser Gehirn arbeitet 24 Stunden täglich, auch wenn wir nachts schlafen. Dann träumen wir nämlich.

Unser gesamter Organismus arbeitet, ob wir es nun wollen oder nicht. Selbst im Tode arbeiten Milliarden von Mikroorganismen, die wir bewusst oder unbewusst mit uns rumschleppen, den Rest unserer sterblichen Hülle in organisches Material um.

Dass wir arbeiten liegt in der Natur unseres Daseins. Nun gibt es einige Intelligenzbolzen, die für sich glauben, den Dreh rausgefunden zu haben, sich auch ohne Arbeit durch das Leben mogeln zu können.

Richtig, die sehen wir tagtäglich in den Nachmittagspseudopsychosendungen mit den höchst interessanten Themen wie: „Ich habe einen Jungen geküsst – bin ich jetzt schwul?" oder: „Meine Schwester ist eine Schlampe – sie putzt sich nicht die Zähne!"

Immer wieder kommen in diesen Sendungen Menschen zu Wort, deren größte Lebenserfahrung darin besteht, anderen auf der Tasche zu liegen. Es bleibt offen zu hinterfragen, inwieweit die „Berichte" der Wahrheit entsprechen oder nur gefakt sind, um Zuschauerquoten zu erzielen.

Tatsache ist, dass es solche Menschen gibt, und diese auch glauben, ihr Verhalten, den Sozialstaat auszunehmen, wäre berechtigt. Interessanterweise liegt das gefühlte Durchschnittsalter der meisten bei gerade nicht einmal 30 Jahren. Erschreckend, wenn man bedenkt, dass die Generationen immer älter werden und junge Arbeitskräfte dringenst benötigt werden.

Andererseits ist es interessant zu sehen, dass es Menschen gibt, die angesichts von Millionen von Arbeitslosen noch die Frechheit besitzen, sich mit ihrer Faulheit in Fernsehshows zu setzen, um sich zu repräsentieren.

Höchst anschaulich ist die Tatsache, dass es Sozialhilfeempfänger gibt, welche in Deutschland Leistungen beziehen, und in Wirklichkeit im sonnigen Süden einer Tätigkeit oder sogar einem Gewerbe nachgehen.

Traurig die Unfähigkeit des Staates, diesen üblen Subjekten das Handwerk zu legen und Gerechtigkeit walten zu lassen. Wohlgemerkt: Ich spreche hier von den bewusst „freiwillig" Arbeitslosen, deren Credo es ist, andere arbeiten lassen zu wollen. Ich spreche hier nicht von denen, die jahrelang hart und schwer gearbeitet haben, brav Steuern und Abgaben bezahlt haben und „betriebsbedingt" gekündigt wurden, „wegrationalisiert" wurden oder ihren Arbeitsplatz verloren haben, weil der Betrieb schlichtweg pleite ging.

Wie Du siehst, hat sich in Deutschland eine Mentalität breitgemacht, welche mit zunehmend wachsender Besorgnis zu sehen ist. Mitnehmen, was man mitnehmen kann, aber sowenig dafür tun, wie man nur muss. Vom Wirtschaftswunder Deutschland ist nicht mehr viel übrig.

Leider funktioniert dieses Prinzip nicht. Bereits vor rund 2000 Jahren sagte ein weiser Mann: „Was Du willst, dass andere Dir tun, tue selbst." Betriebswirtschaftlich erklärt: Bevor man eine Leistung – egal welcher Art – in Anspruch nimmt, muss dafür etwas getan werden.

Säuglinge lachen nicht, wenn sie nicht angelacht werden. Menschen grüßen nicht, wenn sie nicht gegrüßt werden. Selbst Affen lausen sich gegenseitig, weil sie instinktiv wissen, dass diese Art der Tätigkeit von anderen an ihnen selbst wieder durchgeführt wird und es zu ihrem eigenen Vorteil gereicht.

Wer dieses Prinzip erkannt hat, weiß, dass wir arbeiten, um uns selbst am Überleben zu halten. Sicher, wir müssen heutzutage nicht mehr mit Axt und Keule vor die Höhle treten, um abends die Familie mit einem Mammut satt zu kriegen (wobei sich manche Familienväter oft so fühlen).

Es geht gesitteter zu und dank unseres oft so beschimpften Bürokratenstaates gibt es heute Berufe, an die man vor 20 Jahren noch nicht gedacht hätte, Berufe, die es jungen Menschen ermöglichen, eine ordentliche Ausbildung zu beginnen, mit deren Inhalt sich diese später einen geregelten Lebensunterhalt erwirtschaften können.

Der Lebensstandard, über den wir glauben zu verfügen, stellt eine Situation dar, mit sich die meisten Menschen selten zufrieden geben. Dieser Lebensstandard steigt wie eine Spirale immer weiter nach oben, irgendwann wollen wir dem „Standard" nicht mehr genügen, sondern mehr haben. Eine gefährliche Spirale, denn es wird in der heutigen Zeit immer einfacher, mit Schulden Dinge zu finanzieren, die man sich eigentlich gar nicht leisten kann.

Und indem „Statussymbole" wie Auto, Plasmafernseher oder andere Dinge angeschafft werden, versuchen wir, diesem Standard, den die Werbung oder Lifestyle-Magazine vorgeben, gerecht zu werden. Aber geht es denn letztendlich nicht eigentlich darum, von welchen Mitteln man lebt, und weniger darum, wofür man lebt?

In vielen Fällen geben wir uns mit dem, was wir erreicht haben, nicht lange zufrieden, sondern stellen neue Wünsche auf, die das Erreichte toppen sollen. Und schlittern damit in eine Situation, mehr haben zu wollen, als man sich leisten kann.

Und wie steht es mit Dir?

Der Schweitzer Unternehmer Rolf Dobelli arbeitete als Manager bei Swissair, bis er sich eines Tages die Frage nach dem Spaß an seiner Arbeit stellte. Er fand für sich keine Antwort, verfasste jedoch einen – für mich sehr wichtigen – Satz, warum viele Menschen arbeiten. Ich zitiere diesen Satz aus dem Magazin Manager: "*Die meisten Menschen sind irgendwie und irgendwo in einen Beruf hineingefallen - wie auf einen dummen Scherz. Und nun finden sie ihn spannend oder nicht.*" (Heft 1/2005).

Rolf Dobelli machte sich auf, das zu tun, was ihm gefiel. Und wurde ein gefragter Autor sowie erfolgreicher Chef einer Firma, die Wirtschaftsbücher zusammenfasst.

Eines muss man jedoch deutlich sagen: Es gibt keinen Job, keine Tätigkeit, keine Beschäftigung, die immer „Spaß" macht. Auch hier wird es immer wieder Situationen geben, die eintönig sind, oder aus der Routine heraus gemacht werden. Umso wichtiger ist es, das das *Ergebnis* der Arbeit uns zufrieden stellt.

Kapitel 3

Wie sehen Deine persönlichen Lebensumstände aus?

Gute Frage, nicht wahr?

Oftmals ist das Konto leer und es dauert noch Tage, bis die nächste Gehaltsüberweisung gebucht ist. Das Geld zerrinnt zwischen den Fingern, weil jeden Monat notwendige Zahlungen anstehen, um Dich und Deine Familie über die Runden zu bringen.

Oft bleibt nicht genügend Geld übrig, Rücklagen zu bilden, um Neuanschaffungen zu tätigen oder Reparaturen bezahlen zu können.

Wenn das bei Dir der Fall ist, dann lese dieses Kapitel sehr sorgfältig durch. Es ist interessant zu sehen, wie viel Geld gespart werden kann, indem Gewohnheiten, die sich über Jahre hinweg eingeschlichen haben, einfach nur unwesentlich abgeändert werden.

Das beginnt schon damit, dass man Strom spart, indem man Verbraucher wie Fernseher oder Stereoanlage ausschaltet und nicht im Standby – Betrieb laufen lässt. Bei Antenne Bayern zum Beispiel lief im Frühjahr 2007 eine Aktion, wie Geld gespart werden kann. Da kamen Tipps zur Sprache, wo ein jeder sich denkt: „Ist doch logisch!" Aber mal ehrlich: Wenn es so logisch ist, warum machen es dann so wenige, dass sogar im Radio darauf hingewiesen werden muss?

Energiekosten zu sparen ist ein „heißes" Thema. Es gibt da die sinnvollsten und –losesten, ja sogar skurrilsten Tipps wie man was machen könnte. Wenn Dich dieses Thema interessiert, dann wende Dich an Deinen Energieversorger. Er hält kostenlose Broschüren bereit, in denen Anregungen gegeben werden, zu jeder Jahreszeit wirtschaftlich mit den Ressourcen umzugehen.

Darüber hinaus gibt es auch „Energieberater", Mitarbeiter des Versorgers, die – oft sogar kostenlos – die Situation vor Ort begutachten und mit praktischen anwendbaren Ratschlägen zur Seite stehen.

Aber lass es beim Energiesparen nie soweit kommen, das Du die Toilette nach dem großen Geschäft nicht spülst, um Wasser zu sparen. Ein bisschen Hygiene sollte schon sein. Sonst kommt Dich bald keiner mehr besuchen.

Analysiere zuerst Deine Lebensumstände. Vielleicht fragst Du Dich gerade, warum ich über eine Analyse Deiner Lebensumstände schreibe.

Eigentlich wolltest Du ja was über das Unterscheiden von seriösen und unseriösen Nebenjobs erfahren. Nun, viele eingefahrene und vor allem lieb gewonnene Gewohnheiten kosten Geld. Geld, das Du nicht hast, denn dass Du Dir dieses Buch zugelegt hast zeigt, dass Deine Lebensumstände es nicht hergeben, mit dem Geld, welches Du in Deiner hauptberuflichen Beschäftigung erwirtschaftest, so klarzukommen, wie Du es gerne hättest. Es reicht schlichtweg nicht, egal, welche Gründe es auch haben mag.

Indem Du Deine Lebensumstände analysierst, schaffst Du Dir eine übersichtliche Basis, zu prüfen, ob es grundsätzliche Möglichkeiten gibt, im täglichen Leben Geld zu sparen. Das Ziel der Analyse ist, für Dich selbst festzustellen, wo unbewusst Geld ausgegeben wird, dessen Ausgabe nicht unbedingt notwendig ist. Da kann die Fahrt zum Bäcker um die Ecke mit dem Auto vielleicht wegfallen. Du bist zu Fuß vielleicht hin und zurück 10 Minuten länger unterwegs, aber hast erstens was für Deine Gesundheit getan und zweitens auch noch die Umwelt geschont.

Ach ja, und kein teures Benzin verfahren. Rechnen wir es doch mal kurz durch. Du kaufst am Samstagmorgen 10 Semmeln a 25 Cent. Das sind 2,50 € inklusive Morgenspazierung, keiner nervenden Parkplatzsuche und so weiter. Du hast keine weiteren Kosten außer der Abnutzung Deiner Schuhsohlen, deren Kosten wir hier jedoch mal unter den Tisch kehren wollen.

Jeder Kilometer, den Du mit dem Auto fährst, kostet Dich inklusive aller Nebenkosten wie Sprit, Versicherung, Abnutzung, Steuer und Versicherung bares Geld. Laut einer Studie des ADAC aus dem Jahr 2006 kostet z. Bsp. ein Citroen C1 1.0 Advance satte 311,- € Unterhalt pro Monat. Und das ist nur ein Kleinwagen! Wer sich mal die Mühe macht, Fixkosten, Werkstattkosten und Betriebskosten seines Autos für ein Jahr zusammenzurechnen, und auf den Monat umzurechnen wird sehr schnell auf den Boden der Tatsachen zurückgeholt.

Indem Du Deinen Wagen für Wege, die man zu Fuß erledigen kann, stehen lässt, sparst Du also bares Geld.

Vielleicht argumentierst Du jetzt, dass Du viel zu beschäftigt bist und auf das Auto angewiesen bist. Vielleicht lebst Du auch auf dem Lande, wo kein Bäcker um die Ecke ist. Nun, auch hier kommt es wieder darauf an, Deine Umstände zu analysieren.

Vielleicht kannst Du Deine Besorgungsfahrten so organisieren, dass der Einkauf mit anderen Erledigungen zusammenfällt. Vielleicht sparst Du dann damit eine Fahrt, die überflüssig wird. Nur dadurch, dass Du „organisiert" hast. Vielleicht gibt's ja auch einen Brötchenlieferservice.

Und glaube nicht, Dein Leben würde sich qualitativ verschlechtern. Nein, indem Du analysierst, organisierst, Abläufe straffst und Besorgungen zusammenlegst, gewinnst Du an Lebensqualität, weil Du mehr Notwendiges zu erledigen in kürzerer Zeit schaffst, dadurch persönliche Freiräume erschließt und vielleicht mehr Zeit für Dich und/oder Deine Familie gewinnst.

Sieh das realistisch. Du wirst, nur weil Du etwas anders organisiert hast, keine Hunderte von Euro pro Monat einsparen. Es sind vielleicht nur 50,- €, die sich dadurch rechnerisch ergeben. Aber: Diese 50,- € hast Du Dir verdient! Und musst die 50,- € nicht mehr durch einen Nebenjob erwirtschaften.

Wenn Deine ganze Familie zusammen mit Dir überlegt, können vielleicht durch alle Familienmitglieder pro Monat 100,- € eingespart werden, ohne dabei Lebensqualität zu verlieren. Weißt Du was das heißt? 1.200,- € pro Jahr eingespart, ohne dass Du Dich oder Deine Familie hättest einschränken müssen.

Oder die Mahlzeiten. Die typische spontane Frage, was heute gegessen wird lässt sich sehr einfach umgehen. Wie? Plane die Mahlzeiten und stelle einen Menüplan auf. Wie in einem Hotel.

Du weißt doch, was Du und Deine Familie gerne isst? Wenn ja, dann stelle einen Essensplan auf, der zum Beispiel für eine ganze Woche gilt. Wenn Du jetzt einkaufen gehst, brauchst Du Dir nicht die Gedanken machen, was Du kochen könntest, sondern, was Du einkaufen musst, damit der Plan eingehalten funktioniert.

Hier kommt Effizienz ins Spiel, indem Du wirklich nur die Sachen kaufst, die Du auch zum Kochen benötigst. Indem Du also nichts kaufst, was Du vielleicht gerne kaufen würdest, sparst Du wiederum Geld. Darüber hinaus richte Dich nach den Jahreszeiten und koche mit Produkten, die saisonal günstig angeboten werden.

Und übrigens gilt der Satz wirklich: Mit leerem Magen nicht einkaufen.

Achte beim Einkaufen darauf, WAS Du WO kaufst. Einfaches Beispiel: Ein Becher Sahne kann einen Preisunterschied von rund 15 Cent haben, wenn Du ihn beim Discounter kaufst anstatt im Vollsortimenter. Und mal ehrlich: Du wirst nach der Zubereitung der gekauften Sahne keinen wirklichen Unterschied zwischen den Herstellern schmecken. Oder Brötchen zum aufbacken? Da sind Unterschiede von bis zu 20 Cent pro Packung möglich. Beim exakt gleichen Produkt.

Schau auch auf Artikel wie Zucker, Mehl, Marmelade, Honig oder Butter. Durch Vergleichen können hier bei einem Einkauf schnell einige Euros zusammenkommen, die Du einsparen kannst. Denn nur, weil eine „Marke" aufgeklebt ist, heißt das noch lange nicht, dass dieses Produkt besser schmeckt. Die Qualität der Produkte von Discountern ist auch hervorragend und dennoch billiger.

Beispiel Gemüse: Wir hatten schon angeregt, saisonal zu kochen spart Geld. Wenn Du keinen Garten zu Hause hast, in dem Du Grünzeug ernten kannst, dann schau mal, wie die Preise purzeln, wenn Du Samstagnachmittag einkaufen gehst. Ich bin immer wieder überrascht, dass hier echt Schnäppchen zu machen sind, ohne mit verwelktem Salat und plattgematschen Tomaten nach Hause zu kommen. Die Händler geben lieber einen Preisnachlass, um einen Teil der Kosten reinzuholen, als die ganze Palette abends rauszuräumen und in den Container zu schmeißen, wozu sie dann auch verpflichtet sind.

Aber bitte: Auch wenn es Berichte gibt, aus den Müllcontainern noch brauchbare Sachen rausholen zu können, sollte das für Dich nicht wirklich der letzte Weg sein. Denn dann bist Du auf der Leiter der Lebensqualität schon so weit unten, dass Du Dir wirklich professionelle Hilfe holen solltest. Da hilft dieses Buch dann auch nicht mehr viel.

Das sind nur kleine Beispiele. Aber Du siehst, mit kleinen Änderungen des Kaufverhaltens bleibt Geld im Beutel übrig.

Analysiere realistisch. Nur wenn Du wirklich weißt, was Dich und Deiner Familie das Leben pro Monat kostet, kannst Du ausrechnen, wie viel

Geld Du zusätzlich verdienen musst, um nicht zahlungsunfähig zu werden.

Immer wieder belächelt, mit viel Selbstdisziplin behaftet, empfehle ich Dir ein Haushaltsbuch zu führen. Hier wird optisch sichtbar, wohin das Geld jeden Monat fließt – und hier wird zumeist auch am ehesten ersichtlich, wo man sparen kann.

Vielleicht lässt sich damit in Verbindung auch feststellen, wo Du am günstigsten Lebensmittel einkaufen kannst. Vergleiche die Preise der Discounter bei Dir vor Ort. Vielleicht solltest Du überlegen, einen Teil der benötigten Produkte bei dem einen Geschäft zu holen, und den Rest woanders. Aber Achtung: Wenn Du erstmal 10 km zu dem anderen Geschäft fahren musst, und dann wieder zurück, könnte der Spareffekt dahin sein! „Wirtschaftlich sinnvoll" denken heißt also die Devise!

Mit einem PC und einer Tabellenkalkulation lässt sich so ein Haushaltsbuch recht schnell auf die Beine stellen. Wenn Du jedoch nicht weißt, wie man das macht, dann wende Dich an die Verbraucherschutzzentrale. Dort gibt es Bücher für ein ganzes Jahr, und die kosten nicht einmal 5 Euro.

Wenn wir schon beim Thema sind: Die Energiekosten. Wie schon beschrieben, es gibt Energieberater, der öffentlichen Versorger, die Dich beraten, wie solche Kosten reduziert werden können. Aber mal ehrlich: Vieles von dem wissen wir doch schon, oder?

Klassisch: Im Winter keine Fenster gekippt lassen, sondern Stoßlüften. Was das ist? Ganz einfach: Wenn das Fenster, das meistens über oder in der Nähe von Heizkörpern platziert ist, gekippt ist, wird die Raumluft zwar erwärmt, jedoch unnötige Energie durch das gekippte Fenster verbraucht.

Also, wie macht man es richtig? Fenster aufreißen, zwei Minuten durchlüften, Fenster schließen. So unglaublich es klingen mag, es ist die effektivste und wirtschaftlichste Methode. Sinnvoll Lüften solltest Du in Deinem Haushalt aber grundsätzlich, sonst schimmelt es irgendwann bei Dir.

Nächstes Beispiel: Heizkörper. Schau Dir Deine mal an. Sind sie gut verkleidet, damit man sie nicht sieht? Das wäre schlecht, denn bei verbauten Heizkörpern, die aufgedreht sind, staut sich die Wärme. Selbst bei den schönen „Schlitzen" der Verblendungen, durch die die Wärme abgeleitet werden soll, ist mit einem einfachen Thermometer nachzumessen, wie viel Grad es am Heizkörper hat.

Wenn Du also einen solch verbauten Heizkörper hast, frage Dich, ob er überhaupt an sein muss.

Machen wir weiter: Rollläden. Mach Sie im Winter zu. Dadurch schaffst Du eine Barriere, durch die weniger Wärme über die Fenster entweichen kann. Aber es hat auch einen positiven Nebeneffekt: Dann können die neugierigen Nachbarn nicht mehr reinschauen.

Für alle Mieter im sechsundzwanzigstem Stock: Dieser Tipp galt nicht für euch! ☺

Nächster Kurztipp: Energiekosten im Haushalt allgemein. Man sagt, dass rund 6 – 7 % des Stroms für Wäschewaschen notwendig ist. Frag Dich mal ehrlich? Weißt Du, wie schwer Du Deine Waschmaschine beladen kannst? Warum das wichtig ist?

Weil Du durch die richtige Beladung der Waschmaschine, indem Du das maximale Füllgewicht ausnutzt, auf ein Jahr gesehen weniger Strom verbrauchst. Dadurch können weniger Waschvorgänge notwendig werden, die unterm Strich wieder Geld sparen. Oder die ganzen Tasten auf

Deiner Waschmaschine. Kennst Du alle Ihre Funktionen? Schon mal was von „Sparfunktion" gehört?

Oder die Wahl der Temperatur. Meistens reicht die Wahl von 60° C völlig aus. Im Gegenteil, mittlerweile werden Waschmittel verkauft, die einen hervorragenden Reinigungseffekt schon bei niedrigen Temperaturen haben.

Auch wenn die Wäsche fertig ist: Nutzt Du einen Wäschetrockner? Eine schöne Sache, vor allem auch deshalb, weil die Wäsche verhältnismäßig schnell trocken ist. Wägt man jedoch ab, dann ist die „wirtschaftlich sinnvollere" Methode dennoch, die Wäsche draußen aufzuhängen, und an der Luft trocken zu lassen.

Es mag jedoch vor allem in Großstädten an diesen Trockenmöglichkeiten fehlen, weswegen es unumgänglich ist, einen Wäschetrockner zu besitzen. Zumindest sollte man dann beim Kauf eines solchen Gerätes auf die Energieeffizienzklassen achten, um der Umwelt etwas Gutes zu tun.

Ein weiterer „Energiefresser" ist der Herd.

Beim Kochen muss nicht immer die höchste Stufe eingestellt werden. Nutzt Du zum Beispiel die Kochplatten, um Dir heißes Wasser für Tee zu kochen, dann denk doch mal drüber nach, um wie viel schneller es gehen würde, wenn Du schon warmes Wasser aus der Leitung in den Topf gibst. Die Energie, die über die Herdplatte zugeführt werden muss, um warmes Wasser zum Kochen zu bringen, ist wesentlich geringer, als wenn es kalt erhitzt werden muss.

So ein Tipp macht natürlich nur Sinn, wenn Du kein halbes Spülbecken erst vollaufen lassen musst, um warmes Wasser zu bekommen. Und wenn Du es trotzdem so machst: Nimm das Wasser wenigstens zum

Gießen. Wenn das jedoch öfters so bei Dir praktiziert wird, ersäufst Du irgendwann Deine Zimmerpflanzen.

Noch sinnvoller wäre es, wenn Du für Deinen Tee einen Wasserkocher zum Erhitzen nehmen würdest, auch die Kaffeemaschine eignet sich dafür ziemlich gut. Und die Energiekosten sind geringer, als wenn die Herdplatte dafür eingeschaltet wird.

Wir sind noch beim Energiefresser Herd. Achte auch immer darauf, dass ein Deckel auf dem Topf ist. Wenn Du es nicht glaubst, stell Dich mit einer Stoppuhr hin, und kontrolliere es. Im geschlossenen Topf erreichst Du die gewünschte Temperatur schneller, als wenn die Wärme im offenen Topf sich verflüchtigen kann.

Wenn Du gut kochen kannst, dann lad mich mal zum Essen ein. Dann schauen wir uns mal Deine Töpfe an. Sind sie am Boden plan geschliffen? Ist der Aufbau ein Sandwichaufbau? Böhmische Dörfer? Na, dann mach Dir mal die Arbeit, rauszufinden, was das bedeutet. Auch Kochen ist eine Wissenschaft, und ich meine hier nicht die Zubereitung von Speisen, sondern die Verwendung der passenden Hardware.

Denk auch mal drüber nach, ob die intensivere Verwendung eines Wasserkochers oder einer Mikrowelle nicht die wirtschaftlichere Alternative zum Herd ist. Sicher, den Herd kann man nicht komplett ersetzen, aber es gibt viele Möglichkeiten, seinen Einsatz so zu reduzieren, dass unterm Strich eine Ersparnis rauskommt.

Wichtig ist es eben – wie ich schon angesprochen hatte – zu prüfen, was sich für Deinen Bedarf als zweckmäßig herausstellt. Niemand kann universellen Tipps geben, wie Du es Hundertprozentig richtig machst. Aber wenn Du die Anregungen prüfst, und das eine oder andere für Dich anwenden kannst, dann könnten die Energiekosten in der Küche realistisch um runde 10 % gemindert werden.

Thema Backofen: Liest man die Kochbücher, stellt man immer wieder fest, dass vorbereitete Speisen in den „auf x° C vorgeheizten" Backofen gestellt werden sollen. Glaub mir, das Vorheizen ist nicht immer notwendig. Wenn möglich spar Dir die Energie. Dein Hackbraten schmeckt auch ohne Vorheizen. Ehrlich.

Und nun rechne: Jeden Monat 80 € Stromkosten machen rund 1000,- € pro Jahr aus. 10 % davon sind 100,- €. Die brauchst Du bei einem Nebenjob schon mal nicht erwirtschaften.

Und noch was: Der Kühlschrank. Mein liebstes Teil. Ich gebe zu, dass ich den Kühlschrank liebe. Uns verbindet eine Innigkeit, die nur schwer in Worte zu fassen ist. Zumeist bin ich Heißblüter, weswegen eine Abkühlung manchmal nicht schlecht ist. Also geh ich öfters zu meinem heimlichen Geliebten, und schau nach, was er so alles hergibt, um mich zufrieden zu stellen.

Lange Zeit, war ich der Auffassung, alles, was ich im Supermarkt kaufe, aber auch wirklich ALLES gehört da rein. Dem Kühlschrank hat es gefallen, er machte sich mit brummen und summen erstaunlich fleißig an die Arbeit, meine Einkaufsliste auf die gewünschte Temperatur runter zu kühlen.

Nachdem ich mich jedoch mit dem Thema Energie auseinandersetzte, stellte ich fest, dass nicht alles, was ich kaufe, auch in meinen Liebhaber rein muss. Das war ein echter AHA-Effekt für mich. Dosenfisch, Eier, Margarine, Tomaten, Zwiebeln, bestimmter Käse und was es sonst noch so alles gibt, kann auch außerhalb des Kühlschrankes aufbewahrt werden.

Seitdem ich begriffen habe, dass der Kühlschrank ein Zweckgerät ist, nutze ich die natürlichen Ressourcen die ich habe, um meine Vorräte zu bunkern. Ich stell das Zeug in den Keller. Und tu noch was für die Figur nebenbei.

Sicher, manche Produkte halten sich länger, wenn man sie im Kühlschrank aufbewahrt. Wenn leicht verderbliche Lebensmittel angebrochen sind, sollten die dann auch im Kühlschrank aufbewahrt werden. Aber manche Sachen brauchen da wirklich nicht rein.

Interessanterweise hat sich mein Liebesverhältnis zum Kühlschrank nicht verändert. Er ist mir halb gefüllt genauso treu ergeben wie im voll gestopften Zustand. Er liebt mich immer noch und er verschafft mir nach wie vor Glücksgefühle, wenn ich ihn aufmache und im Sommer eine gekühlte Flasche Wasser rausnehme.

Er brummt jetzt auch viel weniger und sein Summen hört sich manchmal an, als wäre er zufriedener. Vielleicht liegt es auch daran, dass ich die eingestellte Temperatur um zwei Grad wärmer eingestellt habe. Jetzt kühlt er auf 7° C, eine Temperatur, die zum Kühlen völlig ausreicht. Und das integrierte Kühlfach, das drin ist, hab ich auch abgestellt. War sowieso nur die meiste Zeit vereist.

Hast Du einen Schrank, in dem Reinigungsmittel stehen? Schau doch mal rein, was da so alles rumfliegt. Chemiekeulen ohne Ende? Nun, um eine Küche und einen ordentlichen Haushalt vorzeigbar zu gestalten, sind die alten Hausmittel genauso geeignet, wenn nicht sogar besser als eingesetzte Chemie. Scheuermilch und etwas Essigwasser können wahre Wunder bewirken.

Und wenn doch ein chemisches Reinigungsmittel eingesetzt werden muss, dann ist der Spruch „Viel hilft viel" nicht richtig. Es hat schon seinen Sinn, wenn Dosierhilfen auf der Verpackung aufgedruckt sind.

Was ich mit diesen Kleinigkeiten nochmals hervorheben möchte: Analysiere DEINE Gegebenheiten. Es sind kleine Ursachen, die uns nicht wesentlich beeinträchtigen, ein Fenster zu schließen oder einen Heizkörper abzuschalten. Aber der finanzielle Effekt ist nicht zu unterschätzen. Eine Ersparnis von 10 % und etwas mehr anzunehmen ist sehr realistisch.

Geht Dir zuhause auch manchmal ein Lichtlein aus? Dann ist die Glühbirne kaputt. Holla, hast Du etwa noch Glühbirnen zu Hause eingeschraubt? Ein nicht unerheblicher Teil des Energieverbrauches pro Jahr in einem Haushalt geht auf die Beleuchtung zurück. Das hört sich nicht viel an. Berechnet man aber, dass mit Energiesparlampen zwischen 50 und 80 % Energiekosten eingespart werden können, wird's wieder interessant, oder?

Selbst Halogenlampen sparen und liefern bei gleichwertigem Stromverbrauch ein wesentlich helleres Licht. Selbst die unansehnlichen Leuchtstoffröhren sind wirschaftlich günstiger als Glühlampen. Aber wirklich toll kommen die nur im Keller oder auf dem Dachboden.

Eine interessante und hilfreiche Seite ist im Internet unter **http://www.stmwivt.bayern.de** zu finden. Surf die mal an wenn Du Zeit hast, Du wirst erstaunt sein, mit welch simplen Fakten Energieeinsparungen erklärt werden und Du wirst sicher feststellen, wie einfach es ist, die dort gegebenen Ratschläge bei Dir zu Hause umsetzen zu können.

Ein weiterer klassischer Punkt im Haushalt zu sparen sind die Kommunikationskosten. Weißt Du wirklich, wie viel jeden Monat vertelefoniert wird? Weißt Du wirklich, wie lange Du im Internet bist und ob Du Volumen- oder Zeittarif hast, vielleicht sogar noch per ISDN oder analog ins Netz der Netze kommst?

Ich HOFFE, dass Dir der Begriff Flatrate nicht unbekannt ist und Du bereits eine hast. Wenn nicht – was der Fall sein kann – und Du, fangen wir klein an, NUR analog ins Netz kannst, dann gibt es Programme oder Least-Cost-Router, die zum Beispiel den für die Surfzeit günstigsten Tarif auswählen, bzw. durch Komprimierung eine schnellere Datenübermittlung auch für Analog erreichen.

Erkundige Dich auch, ob bei deinem Anschluss DSL möglich ist – mit der entsprechenden Geschwindigkeit kann die Telefonie komplett über DSL abgewickelt werden.

Falls Du noch kein DSL hast und wissen möchtest, ob es sich für Dich rechnet, dann hier ein kleiner Tipp, wie Du das schnell ausrechnen kannst. Für DSL benötigst Du zumeist als Grundausstattung einen Analogen Anschluss, z. Bsp. von der T-Com. Grundkosten hier rund 17,- € pro Monat. Deine Telefonrechnung inklusive der Grundkosten beträgt monatlich z. Bsp. ca. 45,- €.

Darin enthalten sind alle Verbindungskosten. Prüfe nach, wie hoch die tatsächlichen Verbindungskosten (45,- € - 17,- € = 28,- €), Verbindungen zu Sonderrufnummern (z. Bsp. 0180x) und zu Mobilfunknetzen sind. Wenn diese Kosten zum Beispiel 8,- € monatlich betragen, dann sind deine tatsächlichen Gesprächskosten bei rund 20,- €. Schaut man sich dann die Gesamtkosten an, bekommst Du für rund 40,- € schon einen Call & Surf Comfort-Anschluss der T-COM, mit dem Du unbegrenzt surfen und unbegrenzt ins Netz der T-COM telefonieren kannst (Sonderrufe und Mobilfunk ausgenommen).

Beispiel Arcor: Im Februar 2007 offerierte das Unternehmen einen T-Com unabhängigen ISDN-Anschluss inkl. DSL und Flat für Telefon und Internet für unter 40,- € monatlich. Geht's noch günstiger? Einziger Haken: Arcor hat eigene Leitungen und ist derzeit nicht überall technisch umzusetzen. So gerne Du das Angebot also angenommen hättest, es wäre bei Dir aufgrund der fehlenden Infrastruktur vielleicht nicht umzusetzen gewesen, wobei Arcor intensiv am Netzausbau arbeitet.

Eine weitere Möglichkeit, bei Onlinekosten zu sparen: Schließe Dich mit Deinen Nachbarn zu einer Nutzungsgemeinschaft zusammen. Vielleicht surft Dein Etagennachbar auch im Internet. Wenn ein DSL-Anschluss möglich ist, warum ihn nicht gemeinsam nutzen? Aber Achtung: Erkundige Dich vorher bei Deinem Anbieter, ob das möglich und vor allem er- laubt ist.

Welchen Anbieter Du für Deine Kommunikationskosten auswählst, musst Du selbst wissen. Ich persönlich habe die Erfahrung gemacht, dass man mit T-Com am besten fährt, auch wenn der Elefant manchmal lange braucht, um in die Pötte zu kommen. 1&1 ist ziemlich gut bei den Onlineangeboten, aber auch Anbieter wie Freenet sind wohlwollend zu prüfen.

Wen Du letztendlich nimmst, musst Du anhand von Fakten ausrechnen. Wenn Dir das zuviel Arbeit ist oder Du Dir das nicht zutraust ist das auch kein Problem. Viele IT-Systemhäuser machen ein nicht unerhebliches Geschäft damit, ihre Kunden gerade zu solchen Themen zu beraten – und das kostenlos.

Denn für die Vermittlung des Anschlusses bekommt der Berater eine Provision. Du kommst also zu dem für Dich gewünschten Anschluss, und die kassieren ihre Provision. Aber auch hier gilt: Mehrere Angebote einholen und vergleichen. Oft ist sogar eine kostenlose Installation der Hardware mit enthalten.

Und jetzt kommt der Clou bei der ganzen Geschichte: Theoretisch brauchst Du gar nix an Verbindungskosten zu bezahlen. Wie das geht? Es ist ganz einfach: Im Internet gibt es viele Möglichkeiten, um die Kosten herum zu kommen.

Wer sich in letzter Zeit einen Namen gemacht hat, ist **www.peterzahlt.de**. Die haben es geschafft, mit ihrem Angebot und mit

Millionen von Nutzern zur Auslastung ihrer Netze zu sorgen. Und das Angebot wird positiv angenommen. Ist zwar etwas gewöhnungsbedürftig, aber es funktioniert.

Ein weiterer Service aus dem Internet ist die Website **www.tk-anbieter.de**. Dort findet man anstatt teurer 0180er-Rufnummern eine Liste von Banken, Versicherungen, Dienstleistern, Versandhäusern und weiteren Firmen, die über „normale" Ortsvorwahlen erreichbar sind, ohne dass die zumeist teureren Verbindungskosten einer 0180er Rufnummer vom Anrufer getragen werden müssen.

Ich erinnere mich in diesem Zusammenhang gerne an den kostenlosen Weckrufservice von Retarus. Da konnte man online für Wochen im Voraus seine Weckzeiten eingeben, und das hat reibungslos funktioniert. Mein Wecker hat echt Staub angesetzt zu der Zeit. Leider hat das Unternehmen den Service eingestellt.

Hier möchte ich meinen Dank zum Ausdruck bringen. Zu der Zeit war ich NIE irgendwo zu spät. Danke, Retarus. Ihr habt was gut bei mir.

Kommen wir zum Telefonieren zurück. Bei entsprechender Zusatzhardware kann z. Bsp. mit Skype kostenlos über das Internet ins Festnetz telefoniert werden. Entweder bei eingeschaltetem PC über's Headset oder – man staune – über mittlerweile funktionsfähige IP-Telefone bei sogar ausgeschaltetem PC.

Wichtig: Wirklich kostenlos ist es nur, wenn die Internetverbindung keine zusätzlichen Kosten verursacht. Also nur bei Flatrate. Wirklich kostenlos ist es auch nur bei bestimmten Auslandsverbindungen, bei denen der Provider dies auch ermöglicht. Und nicht immer ist es praktisch, erst den PC einschalten zu müssen, um telefonieren zu können.

Wenn man aber die Angebote konsequent nutzen kann, weil die persönlichen Umstände es zulassen, dann zahlt man echt nur noch die Grund-
gebühren und vielleicht die Anrufe zu Handys oder zu Sonderrufnummern wie der Auskunft.

Fakt ist aber auch, dass über die richtige Wahl des Anbieters auch bei
Auslandsgesprächen gespart werden kann, hier ist oft pro Einheit viel
Einsparpotential vorhanden.

Oder gehen wir mal die Druckerkosten an. In der Regel ist es doch so,
das die meisten von uns Usern einen Tintenspotzer in Gebrauch haben,
diese geilen rattenscharfen Multifunktionsgeräte, die alles können. Dru-
cken, Kopieren, Scannen, Faxen, sogar teilweise ScanToEmail und so
weiter.

Und? Ärgerst Du Dich auch über die hohen Verbrauchskosten? Tja, das
ist der Nachteil, die schwarze Tintenpatrone hat bei manchen Nutzern
echt das Loch im Boden und ist alle zwei Wochen leer.

Viele sind schon dazu umgestiegen, Alternativprodukte einzusetzen, da
hier die Beschaffungskosten wesentlich geringer sind. Ersparnisse zwischen Original- und Alternativprodukt können mehrere Euro pro Stück
ausmachen.

Sieh als erstes in der Einstellung Deines Druckertreibers nach. Oft werden die Standardeinstellungen bei der Installation eines neuen Druckers
einfach durch den Nutzer übernommen. Änderst Du die Einstellungen
ab, dann kann die prozentuale Deckung der schwarzen Farbe nach unten gedrosselt werden. Das heißt im Klartext: Es wird weniger Tinte auf
das Papier aufgebracht. Das Druckergebnis bleibt passabel und Deine
Kosten werden reduziert.

Ein Tipp: **www.printation.de** Hier gibt es Tintenpatronen zum Schnäppchenpreis für die meisten Drucker, sogar mit Garantie und wahnsinnig vielen Zusatzangeboten.

Bleiben wir noch ein wenig bei der EDV. Vielleicht nutzt Dir der Tipp auch im Büro etwas. Oft lese ich in den Katalogen der „großen" Versender, wie günstig und billig und supertoll die Qualität und der Preis einer bestimmten Ware sind.

Nun, ich grins mir da immer eins. Da ich die Branche kenne und jahrelang mit Einkauf und Verkauf – immer noch im Hauptberuf – zu tun habe, weiß ich, das viele „Angebote" einen normalen Preis haben, und KEIN Angebot sind.

Über das Internet ist es sehr leicht geworden zu vergleichen, wo man was günstig herbekommen kann. Und Fachhändler vor Ort liefern meist die gleiche Qualität wie große Handelsketten. Und qualifizierte Beratung gibt's kostenlos dazu.

Und gute Fachhändler bieten ihren Kunden einen entscheidenden Vorteil: Sie empfehlen nur Produkte, von denen sie wissen, das der Kunde damit seine Bedürfnisse erfüllen kann. Sie beraten also, und verkaufen nicht nur. Und im Problemfall ist ein Ansprechpartner direkt vor Ort.

Und hier kommt die Stärke des örtlichen Fachhandels zum Tragen. Wenn Du ein Problem hast, ist jemand in erreichbarer Nähe, bei dem Du anrufen oder sogar vorbeigehen kannst, und Du qualifizierten Rat und Hilfe erhältst. Meine persönliche Erfahrung in den großen Verkaufshäusern ist, dass die „Berater" eigentlich nur Verkäufer sind, die teilweise sogar einen Bonus bekommen, wenn viel verkauft wird. Und nach dem Verkauf die Sintflut.

Wenn Du also eine größere Anschaffung tätigst, dann informiere Dich auch unbedingt beim örtlichen Fachhandel. Du wirst erstaunt sein, mit welch hochwertiger Qualität Du beraten wirst. Und auch wenn das Produkt vielleicht 20,- € teurer ist, als beim großen Elektronikmarkt: Du hast jemanden vor Ort, Du stärkst mit Deinem Kauf die örtliche Wirtschaft, und letzten Endes hast Du vielleicht sogar Zeit und Geld gespart, weil Du nicht in die Großstadt zum Elektronikmarkt fahren musstest.

So, ich bin abgeschweift. Kommen wir zu den Einsparmöglichkeiten zu Hause zurück.

Eine weitere Möglichkeit, seine Haushaltskosten zu reduzieren, besteht darin, sich zu informieren. Es gibt im Internet unbeschreiblich viele Anbieter, die sich auf das Thema „Sparen" spezialisiert haben. Stellvertretend will ich einen nennen: **www.sparen.de** (ich möchte mal wissen, was die Domain wert ist).

Letztendlich musst Du selbst filtern, welche Informationen für Dich nützlich und welche nicht notwendig sind, aber indem Du Dich auf diesem oder ähnlichen Portalen umsiehst, kannst Du einiges für Dich und Deine Familie vielleicht bestätigt finden.

Wende an, was Du für richtig hältst, aber mache nicht den großen Fehler, in einen Recherchezwang zu verfallen und Deine Zeit nur mit Rumsuchen zu verplempern. Lerne, gezielt zu dem Thema zu suchen, das momentan akut ist, und Du wirst vielleicht das finden was Dir hilft. Unstrukturiertes Suchen lässt Dich sonst stundenlang surfen, ohne dass Du irgendwelche nützliche Infos erhältst.

Und das kostet Dich dann Zeit, die Du besser mit etwas anderem verbracht hättest. Also auch hier berücksichtigen: Nicht alles, was im Netz angeboten wird, ist auch nützlich. Es gibt so viele Möglichkeiten, sich selbst mal zu prüfen, wo man wie viel Geld ausgibt. Wie gesagt, lege Dir ein Haushaltsbuch zu, dann wird es für Dich und Deine Familie transparent.

Und Du wirst sehen, dass a) durch die Analyse Deiner Haushaltskosten Potential frei wird, durch Organisation und Planung Zeit zu sparen, b) durch die Zeitersparnis Lebensqualität erzeugt wird, und c) Du ohne Einschränkungen machen zu müssen und Deine Lebensqualität zu vermindern, effektiv mehr Geld zur Verfügung hast.

Alleine durch die – nur sehr grob angerissenen – Punkte können Dir realistisch rund 150 – 200 € Ersparnis bleiben. Pro Monat versteht sich.

Geld, das Du mit dem Nebenjob nicht mehr verdienen musst. Und es ist wirklich ein Unterschied, ob man zusätzlich arbeiten gehen muss, um die laufenden Kosten bezahlen zu können, oder ob man sich selbst so umorganisiert, dass man schon alleine dadurch mehr Geld zur Verfügung hat.

Lange Rede, kurzer Sinn: Papier ist geduldig. Warum erstellst Du Dir nicht Checklisten für verschiedene Bereiche des täglichen Lebens? Mit diesen Checklisten kannst Du Dein „eigenes" Sparpotential ausrechnen und prüfen, wo die Kostentreiber bei Dir liegen. Grundsätzlich gilt: Ehrlich währt am längsten.

Also sei ehrlich mit Dir selber, wenn Du die von Dir erstellten Checklisten verwenden möchtest. Wenn Du dir selber in die Taschen lügst, warum liest Du dann dieses Buch? Verscheißern können wir uns alle selber. Aber da liegt das Problem dann an anderer Stelle.

Kapitel 4

Jobsuche - Vorbereitung

Wenn Du alle Maßnahmen getroffen hast, Deine Lebensumstände zu analysieren, Du guten Gewissens sagen kannst, alles getan zu haben, um im täglichen Leben zu sparen, und es dennoch nichts nützt, und Du einen Job brauchst: Dann bereite Deine Suche vor.

Warum? Nun, nimm Dir Zeit, zu überlegen, was Du vorhast. Zeit nehmen heißt, einen gewissen Teil Deiner Zeit für etwas zu verwenden. So phrasenhaft es klingen mag: Geh in Klausur. Fang an nachzudenken, wo Du jetzt stehst und wo Du mittelfristig hin willst. Welches Ziel Du erreichen möchtest.

Und komm mir nicht mit der Ansage, Du würdest alles tun. Du würdest jede Arbeit annehmen. Das ist Nonsens. Denn eine gewisse Ehre und einen gewissen Respekt vor Dir selbst musst Du Dir einfach bewahren.

Solltest Du wirklich in der Situation sein, ALLES zu tun, und ich will das jetzt sehr deutlich und klar formulieren: Solltest Du Dir also überlegen, als Frau Bordsteinschwalbe zu spielen, oder als Mann eine Tätigkeit auszuführen, die mit Würde und Stolz nichts mehr zu tun hat, oder weil Du vielleicht über etwas ungesetzliches nachdenkst, dann gebe ich Dir jetzt einen guten Rat: Lass Dir professionell helfen. In diesem Moment nützt Dir das Lesen dieses Buches wahrscheinlich sehr wenig.

Denn wenn es Dir wirklich so mies geht, dass Du nicht mehr ein und aus weißt, dann kann Dir nur noch jemand helfen, der tagaus und tagein damit zu tun hat, und die entsprechende Erfahrung hat. Ein Profi also.

Du gehst ja auch nicht zum Bäcker, um eine Versicherung abzuschließen, oder liest ein Buch über Homöopathie, wenn Du Dir den Arm gebrochen hast. Wobei man beim Kaffeeröster mittlerweile telefonieren kann.

Vielleicht mag es jetzt frustrierend sein, dass ich so deutlich schreibe. Aber es nützt nichts: Sich selbst am Kragen zu packen und aus der Scheiße zu ziehen, ist verdammt schwer. Und glaube mir: Dieses Rückgrat hat nicht jeder. Und daran sind schon viele kaputt gegangen.

Bevor Du an Deiner Situation persönlich und privat scheiterst: Lass Dir helfen. Wende Dich vertrauensvoll an eine Einrichtung, die Erfahrung im Umgang mit solchen Situationen hat. Auch viele kirchliche Dienste bieten solche Einrichtungen an, in denen Dir geholfen wird, den richtigen Ansprechpartner zu finden.

Eine lange Liste öffentlicher Beratungsstellen – die Dich auf Wunsch auch anonym beraten – findest Du in jedem Telefonbuch. Die Berater dort sind geschult, Deine Situation nicht nur wirtschaftlich sondern auch psychologisch zu erfassen, konkrete und umsetzbare Ratschläge zu geben, und Dir nicht nur finanziell – sondern oft auch menschlich wieder auf die Füße zu helfen. Eine einzige Voraussetzung gibt es allerdings dafür: Ehrlichkeit.

Denn ob jemand sein Leben im Griff hat oder nicht, das sieht man schon daran, ob die Wohnung in einem Zustand ist, der nach Schützengraben aussieht oder geordnete Verhältnisse widerspiegelt.

Ich habe erlebt, das Menschen, die glaubten, am Rand des Abgrundes zu stehen, nach einem einfachen Gespräch neuen Mut gefasst haben und alles nur „halb so schlimm" war. Ich habe erlebt, dass allein erziehende Mütter ihr Leid vorgeheult haben, und die Kinder stundenlang in dreckigen, stinkenden Windeln gespielt haben. Von der Mutter völlig unbeobachtet.

Ich habe erlebt, das Männer besoffen die Tür aufgemacht haben, und auf dem Küchentisch die Monatsabrechnung mit über 2000,- € netto lag.

Leute, da hab ich dann kein Verständnis mehr dafür. Was jammert ihr da rum, wenn ihr nicht in der Lage seid, euch selbst zu organisieren? Dann klemmt endlich die Arschbacken zusammen, und sorgt für Ordnung in eurem Haushalt! Wenn ihr das schon nicht auf die Reihe bekommt, wie wollt ihr dann einen Nebenjob auf die Reihe bekommen?

Und dann immer die Bemerkungen, was andere sagen oder denken. Großer Gott, weißt Du, was bei denen hinter der Haustüre abgeht? Was interessiert es Dich, was die anderen über Dich denken könnten? Und vor allem: Was hilft es Dir, wenn Du es weißt? Musst Du nicht trotzdem DEIN Leben auf die Reihe bekommen? Ja, Du musst es, unabhängig davon, was die anderen denken oder sagen. Es ist DEIN Leben, und letzen Endes stehst Du komplett allein und verlassen da, wenn Du es nicht anpackst.

Also lass Dir helfen, wenn Du an diesem Tiefpunkt angekommen bist. Denn glaube mir: An diesen Punkt kommt jeder in seinem Leben irgendwann mal. Unabhängig davon, ob viel oder wenig Geld im Spiel ist. Sogar manche Weltstars, die sich eigentlich alles leisten können, ein Leben führen könnten, von dem jeder von uns nur träumt, kamen und kommen mit Reichtum nicht klar. Und diese Ausfälle sind überall in jeder Altersklasse, in jeder sozialen Schicht zu beobachten. Lass es bei Dir nicht so weit kommen.

Zurück zu den Fakten. Wir waren bei den Vorbereitungen zur Nebenjobsuche. Was machst Du denn so hauptberuflich? Verwaltung? Organisation? Vielleicht betreust Du die Kunden in Deinem Hauptberuf am Telefon?

Warum ich das wissen will? Ganz einfach: Weil ich möchte, das Du Dir Gedanken darüber machst, wo Deine Stärken liegen! Aber auch, wo Deine Schwächen liegen! Denn wenn Du keinen Taschenrechner bedienen kannst, dann mag vielleicht die Tätigkeit als Zahlkellner in einer Gastwirtschaft beim Abrechnen nicht unbedingt der Knaller für Dich sein.

Mach Dir also Gedanken, wo Deine Stärken liegen. Wenn Du beruflich viel mit Zahlen zu tun hast, und die Dir im Idealfall auch merken kannst, dann mag eine Nebentätigkeit, in der mit Zahlen umgegangen werden muss vielleicht das Richtige sein. Also irgendwo Kasse vielleicht.

Wenn Du gut organisieren kannst, weil Du weißt, wie eine Registratur funktioniert (halt so, dass man Unterlagen auch wieder findet), dann mag eine Tätigkeit für Dich in Frage kommen, in der Du eben was zuordnest oder sortierst. Zum Beispiel bei der Post oder einem privaten Anbieter im Postfachservice.

Und wenn Du im Büro als die Quasselstrippe bekannt bist, dann such Dir was, wo Du Deine Leidenschaft exzessiv ausleben kannst. Und mach was mit Telefonieren. In einem Callcenter bei der Bestellannahme. Wenn Du putzen kannst, Du weißt, wie man in einem Haushalt Ordnung herstellt und Wohlbefinden schafft – wo liegt Dein Problem? Mach Geld draus!

Und wenn Du handwerklich begabt bist oder über Kfz-Kenntnisse verfügst, um die Dich der Rest der Welt beneidet, dann such nach einer Tätigkeit, die Dich in diese Bereiche führt.

Warum ich das alles schreibe? Weil Du Dir Gedanken machen sollst, was Dir liegen könnte. Dein Job soll Dir auch Freude machen, Du sollst ihn machen können, ohne jedes Mal frustriert nach Hause kommen zu müssen und zu denken, was für einen Scheiß Job Du hast. Prinzip begriffen?

Dann weißt Du, worauf Du Dich vorbereiten kannst. Denn der nächste Punkt, ist ein wesentlicher Punkt, der nicht außer Acht gelassen werden darf.

WO willst Du den Job ausführen?

Erfahrungsgemäß sind die Jobs, die Du von zuhause aus am Sofa bei Prosecco und Häppchen durchführen kannst, sehr rar gesät.

Hier sei vorab – wir kommen ausführlich noch darauf zu sprechen – vor den supertollen Verdienstmöglichkeiten von zu Hause aus gewarnt! Du wirst NIE die Tätigkeit finden, mit der Du von Daheim aus Tausende von Euros nebenbei verdienen wirst, ohne groß etwas dafür tun zu müssen. Diese vollmundigen Versprechen halten nicht das, was vorgegaukelt wird. In meinen Augen die reinste Verarsche. Wenn nicht sogar Betrug am Menschen!

Also komm runter und sei Dir im Klaren darüber, dass Du für Deine Nebentätigkeit in den meisten Fällen aus dem Haus raus musst. Und Dein Weg wird nicht am Gartentor enden. Außer Dich bezahlt jemand dafür, dass Du endlich mal Deinen Rasen mähst.

Wenn Du begriffen hast, dass Dein zukünftiger Nebenjob außer Haus stattfindet, dann weißt Du auch, worauf Du Dich einlässt. Denn der Nebenjob wird von Dir in Deiner Freizeit durchgeführt. Überleg Dir also, wo Du idealerweise einen Job findet könntest.

Lebst Du in der Stadt oder hast Deinen Hauptarbeitsplatz dort, dann mag die Auswahl leichter fallen einen Nebenjob zu finden, als das in ländlichen Gebieten der Fall ist. In der Stadt hast Du vielleicht kürzere Wege, auf dem Land musst Du Fahrtzeiten mit einkalkulieren.

Wie dem auch sei, Du wirst Kosten haben, die Dir entstehen, weil Du einen Nebenjob durchführst. Ja, Du hast richtig gelesen, Dir entstehen wieder zusätzliche Kosten. Du musst ja zu dem Job hinkommen, Du musst wieder heimkommen, vielleicht fährst Du mit dem Auto, vielleicht musst Du ein Zugticket kaufen, Du musst Dich während des Jobs verpflegen, wie gesagt, das sind alles Kosten, welche Du in Deinem Nebenjob wieder finanzieren musst.

Es bringt Dir also wenig, wenn Du erst mal 30 km fahren musst, um zu Deinem Nebenjob hin zu kommen. Das sind 60 km hin und zurück, bei angenommenen 3-maligen Arbeiten pro Woche kommen da 180 km zusammen. Das sind 520 km pro Monat.

Bei gerundeten 1,40 € pro Liter Super und einem sehr gut geschätzten Verbrauch von 8 Liter/100 km kostet Dich der Nebenjob jetzt erst mal rund 50,- € Benzinkosten, Abnutzung und Verschleiß noch nicht gerechnet. Bezieht man das mit ein, liegst Du vielleicht schon bei 100,- €. Pro Monat.

Von den 400,- €, die Du steuerfrei verdienen kannst, bleiben Dir also nur noch 300,- € übrig.

Vielleicht verstehst Du jetzt, warum ich in den Kapiteln vorher über die Selbstorganisation so ausführlich geschrieben habe. Vielleicht verstehst Du jetzt, warum ich so darauf rumgeritten bin, erst mal zu Hause abzuchecken, wo Einsparpotential zu finden ist. Denn das ist Geld, das Du nicht sauer verdienen musst, das ist Potential, das Du bei Dir nur brach rum liegt, und nicht genutzt wird. Das sind Einsparungen, die Dich ohne großes Aufhebens zu einem gewissen Prozentsatz finanziell entlasten können.

Und dafür musst Du nicht mal arbeiten gehen. Geil, oder?

Kommen wir zu den Vorbereitungen zurück. Du weißt also, dass der Nebenjob erstmal mit Aufwand verbunden ist. Dir ist aber auch klar, das die Tätigkeit eine sein soll, die Dir Freude machen muss, die Dir liegen soll, die Dir ohne große zusätzliche Kosten auch eine Entlastung im Geldbeutel bringen muss, ohne dass Du erst mal einen Haufen Kohle berappen musst, um den Job überhaupt durchführen zu können.

Wenn Du also glaubst, der Managerposten Vertrieb Deutschland wäre für Dich gerade gut genug: Dreh Dich mal im Kreis, damit ich Dir einen Tritt in den Arsch geben kann. Dann hast Du immer noch nicht kapiert, das wir in einer Welt leben, die nicht auf Träumen aufgebaut ist. Dann hast Du immer noch nicht kapiert, das es bei Dir schon halb drei durch ist, und nicht schon fünf vor zwölf.

Wie es schon in der Bibel steht: „Im Schweiße seines Angesichts wird er die Erde bestellen". Also fang schon mal an, auf Vorsorge zu schwitzen, denn vom Nichtstun wird auch nichts im Geldbeutel landen.

Verstehst Du, worauf ich hinaus will?

Du musst einfach wissen, was Du willst. Wenn Du das nicht weißt, dann bist Du nicht fähig, Dich selbst zu organisieren. Nur Menschen, die realistische Ziele haben, können diese Ziele auch erreichen. Und auf diese erreichbaren Ziele musst Du Dich vorbereiten.

Kapitel 5

Jobsuche - Aktiv

So, Du weißt also, was Du willst? Also los, gehen wir es an. Dieses Kapitel wird Dir „live" zeigen, worauf Du zu achten hast. Du wirst sehen, wie Du reale Jobangebote von unseriösen Anbietern unterscheiden kannst. Du wirst lernen, wie EINFACH es ist, einen Job zu finden, der Dir Spaß machen kann. Und Du wirst sehen, an welchen Anzeichen Du erkennen kannst, wie man nur an Deine Kohle will – um es klar zu sagen – wo Du einfach nur abgezockt wirst.

Schritt 1: Lerne. Das erste, was Du lernen musst ist, dass Du nicht von heute auf morgen einen Nebenjob findest. Hey, was hast Du gedacht? Dass jeder nur auf Dich wartet? Oder hältst Du Dich immer noch für den Nabel der Welt, dass sich das Universum um Deine Wünsche dreht? Ernsthaft: Hast Du wirklich geglaubt, weil Du dies Zeilen liest, stehen morgen früh 25 potentielle Arbeitgeber vor der Tür?

Schritt 2: Mach Dir die Erfahrungen zu nutze. Du hast viel gelernt in letzter Zeit. Ich hoffe, dass die Lektüre des Buches Dir geholfen hat, über grundsätzliche Dinge intensiv nachzudenken. Hoffentlich siehst Du jetzt realistischer in die Zukunft, und bist Dir bewusst, dass Dein Vorhaben, egal wie es aussehen mag, nicht von der Couch aus zu verwirklichen ist. Schon gar nicht, ohne dafür arbeiten zu müssen.

Schritt 3: Bewerbe Dich. Aber ordentlich. Eine ordentliche Bewerbung hat schon immer Eindruck hinterlassen. Und dass es nicht schwer ist, werde ich Dir zeigen. Auch wenn Du bei manchem potentiellen Arbeitgeber vielleicht keinen Erfolg damit hast – Du hast zumindest Eindruck hinterlassen. Und ein positiver Eindruck ist immer ein Zeichen von Stärke. Beweise Stärke. Auch wenn es nicht klappt auf Anhieb. Wer weiß, wofür es mal gut sein wird?

Wir werden diese Schritte jetzt ausführlich angehen. Dieses Kapitel wird das längste Kapitel des Buches werden. Lies bitte nicht einfach drüber hinweg. Denk drüber nach. Denn nur dann verstehst Du das Prinzip.

Fangen wir mit Schritt 1 an. Lerne, dass Du nicht von heute auf morgen einen Job findest, der zu Dir passt. Was machst Du, wenn Du eine neue Jeans brauchst? Gehst Du in den Laden, ziehst eine Jeans aus dem Ständer, Blickkontrolle, ja, die nimmst Du?

Ich merke an: Es gibt Frauen, die können das. Meine Mutter gehört zum Beispiel dazu.

Oh ihr engelsgleichen Geschöpfe weiblichen Geschlechts. Ich zerfließe in Ehrfurcht. Ich hatte mal eine ganz liebe Freundin, die kam auch immer mit Klamotten für mich heim. Und ich muss sagen: Respekt. Die wusste was mir steht. Da habe ich echt gelernt, was Stil ist. Danke Nicole. Aber irgendwie war mir das nie geheuer. Hat die mich nachts vermessen, wenn ich geschlafen habe?

Kaum ein Teil, das nicht auf Anhieb gestanden hat. Kleidungsmäßig meine ich.

Was will ich sagen? Kommen wir auf die Jeans zurück.

Bevor Du Deine Entscheidung triffst, nimmst Du mehrere Kleidungsstücke in Augenschein. Diejenigen, die Dir am besten gefallen, kommen in die engere Auswahl. Zumeist mit in die Kabine. Du probierst an, posierst vor dem Spiegel, drehst und wendest Dich, lässt Dir von der Verkäuferin Deine knackige Figur bestätigen, kannst Dich aber dennoch noch nicht so richtig entscheiden.

Es bleiben zwei Stücke übrig, und weil Du Dich nicht entscheiden kannst, legst Du sie zurück oder nimmst sie beide. So machen das zumindest die meisten Frauen, wir Männer sind in dieser Hinsicht zumeist etwas rustikaler.

Auf die Suche des Jobs bezogen: Der erste, der zu passen scheint, muss nicht der beste sein. Also informiere Dich. Hier beginnt Schritt 2, indem Du Dir Deine Erfahrungen zunutze machst.

Wo sind Jobangebote zu finden, die für Dich interessant sein könnten? Und komm mir nicht mit der Ansage, … „dann such ich mal im Internet". Vergiss das mal ganz schnell. Die einzige Seite die meiner Meinung nach im Internet für das Finden eines Nebenjobs wirklich auf Anhieb zu gebrauchen ist, ist – man glaubt es kaum – die Site von der Arbeitsagentur (**www.arbeitsagentur.de**).

Wenn Du die Homepage vom „Arbeitsämtchen", wie ich es immer liebevoll nenne, aufrufst, findest Du auf der linken oberen Seite den Bereich Stellenbörse. Dann einfach auf „Arbeit und Ausbildungssuche" klicken, in dem nächsten Fenster links oben auf „Stellenangebote suchen" klicken, die Auswahlkriterien ausfüllen und lossuchen.

Ich beschreibe den Vorgang deshalb so oberflächlich, weil ich davon ausgehe, dass Du in der Verwendung von Firefox und Internet Explorer vertraut bist. Wenn nicht, lass es Dir zeigen.

Erstaunlicherweise findet man dort recht interessante Angebote für einen Nebenjob. Aber Vorsicht: Schau auch auf die Anzahl der Besucher.

Wenn das Stellenangebot, das Dich interessiert, schon 6.859 Leute vor Dir angesehen haben, dann mag es wohl recht interessant sein, nicht wahr? Du bist also nicht der Einzige. Entweder ist die ausgeschriebene Stelle so rattenscharf, das Gott und die Welt sich dafür interessiert, oder so grottenschlecht, dass man die Anzeige seinen Kumpels zeigen muss. Wie dem auch sei: Hohe Seitenaufrufe können vieles bedeuten.

Es kann bedeuten, dass Du unter Umständen keine Chance hast. Es kann aber auch bedeuten, dass der richtige Bewerber noch nicht gefunden wurde. Vielleicht hast Du genau die Qualifikation, nach der gesucht wird. Lass Dich also nicht einschüchtern. Hier kommt es auf die Art und Form der Bewerbung an. Wie schon angekündigt, werden wir später über die Art und Form der Bewerbung sprechen. Bewirb Dich also, und vielleicht kommst Du zum Zug.

Doch wir waren beim Organisieren, beim Informationen sammeln, beim Auswählen der geeigneten Medien, aus denen man qualifizierte Stellenangebote rausziehen kann.

Nachdem wir jetzt also klargestellt haben, dass im Internet nicht überall und vor allem nicht sofort die Information gefunden wird, die wir benötigen, greifen wir auf die bewährten Printmedien zurück.

In der Regel ist es so, dass mittwochs und samstags die Stellenanzeigen geschaltet werden. Also kauf Dir mal eine Zeit lang mittwochs und samstags die regionale Zeitung. Auch hier darauf achten: Es gibt vielleicht mehrere regionale Tageszeitungen. Kauf Sie dir alle, auch wenn Du Gefahr läufst, viele Anzeigen doppelt oder dreifach zu lesen.

Es gibt bei Dir sicherlich auch mindestens ein Anzeigenblättchen, das kostenlos verteilt wird. Schnapp Dir das, schau auch, ob es vielleicht in Deinem Nachbarort oder in Deiner Umgebung solche Medien gibt, die vielleicht bei Dir im Ort nicht verteilt werden, weil möglicherweise ein anderer Landkreis nach dem Ortsschild beginnt, oder das Verbreitungsgebiet der Verlage mit der Gemeindegrenze identisch ist.

Verschaff Dir einen Überblick über das Angebot der Medien. Und sortiere aus, was Dich nicht weiterbringt. Auf diese Weise merkst Du schnell, in welchen Blättern vorrangig regional oder ortsbezogen Stellenanzeigen für Nebenjobs ausgeschrieben werden.

Und wenn Du Geld sparen möchtest: Frage Deine Verwandten, Bekannten und Freunde, ob sie für Dich eventuell abonnierte Zeitungen aufheben können.

Aha, da sind wir jetzt auf einem wichtigen Punkt gestoßen. Du hast mit Sicherheit ein Netzwerk an Kontakten. Wenn Du nicht weißt was das ist, dann lass Dir folgendes gesagt sein: Du kennst jemanden, der jemanden kennt, der wieder jemanden kennt, und so weiter und so fort. Indirekt kennst Du also den Präsidenten von Amerika. Oder zumindest weißt Du jetzt, wie Du ihn mit einer Nachricht erreichen kannst, ….

Dein Netzwerk an Kontakten besteht aus Deiner Familie, Deinen Freunden, Deinen Bekannten. Es ist keine Schande, wenn Du im Gespräch erwähnst, auf der Suche nach einem Nebenjob zu sein. Im Gegenteil, Du erweckst damit aufrichtiges Interesse an Deiner Situation. Und sofern Du nicht mit jedem auf Kriegsfuß stehst, können hier vielleicht Empfehlungen gegeben werden, die Dich wiederum weiterbringen können, schneller einen Nebenjob zu finden.

Vielleicht hat ja die beste Freundin Deiner Tante einen Bekannten, welcher der Tante erst letztens erzählt hat, wie dringend jemand zur Aushilfe gesucht wird, aber die Bewerber nicht den Vorstellungen entsprachen.

Oder vielleicht kennt Dein Vetter zweiten Grades die Abteilungsleiterin des Personalbüros von der Firma XYZ, die auch 400 €-Jobs vergeben.

Oder vielleicht kennt irgendjemand irgendeinen Chef irgendeiner Firma, der vielleicht Interesse an Deiner Arbeitskraft hat, weil Du vielleicht irgendeine Qualifikation hast, die für ihn interessant sein kann.

Ich will damit sagen: Mach Dir das Wissen Deines Umfeldes zunutze, vielleicht kommst Du hier schneller zu einem Job, als Du einen beim

Durchstöbern der Tageszeitungen findest. Und dann wäre der Sache ja Genüge getan, oder?

Ganz wichtig! Schäme Dich nicht für Deine Suche. Rede offen darüber, dass es momentan nicht so dolle bei Dir aussieht, und Du zusätzlich etwas tun musst, um vorwärts zu kommen. Niemand, aber auch wirklich niemand wird Dich deshalb schneiden. Im Gegenteil, man sieht, dass Du um Deine Situation weißt, und - was ganz wichtig ist - man sieht, dass Du Deine Situation verbessern willst und nicht die Hände in den Schoß legst.

So was kommt immer an. Glaub mir. Denn wer etwas bewegen will, erhält immer Unterstützung. Auch Du. Fahr aber trotzdem zweigleisig. Nur weil Du einen großen Bekanntenkreis hast, muss dies nicht bedeuten, dass gleich ein Job in Aussicht ist.

Wenn Du Dir eine Zeitlang die Zeitungen und Anzeigenblätter gekauft oder besorgt hast, wirst Du dort auf eine Fülle von Anzeigen stoßen. Gute wie auch schlechte, Interessante wie auch stümperhaft gemachte.

Für mich ist immer wieder interessant festzustellen, WIE Anzeigen textlich verfasst werden. Manchmal frage ich mich ernsthaft, ob hier Leute verarscht werden sollen. Oder ob die entsprechende Firma wirklich glaubt, mit so einer verschandelten Anzeige wirklich einen Mitarbeiter zu finden.

Ein wesentliches Merkmal, seriöse oder unseriöse Anzeigen zu erkennen ist die Gestaltung. Sowohl in der Aufmachung (Rahmen, Fettdruck, Farbe, etc) als auch der textlichen Gestaltung.

Nur weil eine fettgedruckte Anzeige da steht, heißt es nicht, dass da eine Firma mit einem seriösen, und für Dich qualifizierten Angebot an Arbeit sucht. Lerne also zu erkennen, was zwischen den Zeilen so alles stehen kann.

Vielleicht hast Du ja schon mal von den Arbeitszeugnissen gehört, die so und so geschrieben werden können. Richtig „codiert" sogar. Zumeist eine Sache, die oft von Arbeitsgerichten geprüft wird.

Ein Arbeitszeugnis kann, auch wenn es nicht drin steht, Dir eine Note 4 geben, obwohl Du der Meinung bist, das hört sich alles super toll an. Beispiel: Die Formulierung „… erfüllte ihm aufgetragene Tätigkeiten zu unserer Zufriedenheit … " bedeutet nichts anderes, dass Du es hättest besser machen können. Schreibt man aber, Du hättest zur „vollsten Zufriedenheit" gearbeitet, dann ist das echt gut.

Liest Du in dem Arbeitszeugnis, Du hättest Deine Arbeitszeiten „pünktlich" eingehalten, bedeutet dass nichts anderes, als das Du genau wusstest, wann Feierabend war. Und dementsprechend pünktlich auch gegangen bist. Auch wenn noch wichtiges zu erledigen gewesen wäre, was Überstunden hätte bedeuten können.

Steht da aber, Du hättest einen „überdurchschnittlichen Einsatz" gezeigt, dann weiß man, dass Du Dein Engagement den betrieblichen Notwendigkeiten angepasst hast. So was kommt immer gut!

So das war ein kleiner Exkurs in die Arbeitszeugnislehre, ein Thema, schier unerschöpflich. Aber das Grundprinzip, das ich damit verdeutlichen will, trifft auf die Gestaltung von Stellenanzeigen genauso zu.

Na, … bist Du schon heiß geworden? Ich hatte Dir ja versprochen, „live" zu zeigen, wie man seriöse von unseriösen Anzeigen unterscheiden kann. Ich möchte hier vorab einen wichtigen Hinweis geben. Alle Anzeigen, die Du nachfolgend lesen wirst, sind echte Anzeigen. Anzeigen, die ich aus Tageszeitungen regional und überregional rausgeschnitten habe, gescannt habe, um sie hier als Anschauungsbeispiel zeigen zu können.

Die Firmen, die diese Anzeigen aufgeben, sind also alle reale Firmen. Vorsorglich weise ich jedoch darauf hin, dass die Anzeigen als Beispiel dienen und keine mehr aktuell ist. Mir geht es lediglich darum, dass Du lernst zu erkennen, wie man Anzeigen an deren Inhalt bewerten kann.

Darüber hinaus werde ich nicht darüber urteilen, welche Absichten und welcher Zweck in einer Stellenanzeige verfolgt werden. Alle Statements von mir stellen daher meine eigene, persönliche und subjektive Wahrnehmung dar und kein offizielles objektives Urteil.

Erfahrungsgemäß ist es jedoch so, dass die Beurteilungen von mir auf ein breites positives Echo fällt, was mir schon vielfach bestätigt wurde. Wenn Du also glaubst, dass eine Beurteilung, die ich abgebe, nicht zutreffend ist, so steht Dir diese Meinung ausdrücklich zu. Ich werde deshalb nicht sagen, Du würdest etwas falsch machen, genauso wenig wie ich sagen werde, diese oder jene Firma handelt illegal.

Ist die Gestaltung der Anzeige nach Deinem Geschmack, dann such in Deiner Zeitung nach passenden Objekten, mach Deine eigenen Erfahrungen und stelle selber fest, ob es für Dich und Deinen Fall gut oder schlecht war. Ich freue mich auf Dein Feedback.

Da es aber auch Firmen gibt, die überregional werben, und die sehr offensichtlich nur darauf aus sind, Strukturvertrieb, MLM, Pyramidenspiele und dergleichen zu offerieren, werde ich explizit darauf hinweisen.

Ich kann, dieses Thema betreffend, auf eines meiner nächsten Bücher verweisen, das momentan in Bearbeitung ist. Ich werde versuchen, so ziemlich alle auf den Markt befindlichen und vor allem im Internet beworbenen Vertriebswege zusammenstellen, und deren vertriebliche Absichten transparent darstellen.

Das ist ein verdammt brisantes Thema, und die Recherchen sind momentan voll im Gange. Ich kann Dir nur raten: Glaub nicht alles, was im Internet steht. Nur weil da einer hingeschrieben hat, man könne damit Geld im Schlaf verdienen, heißt das noch lange nicht, dass der betreffende Autor das auch tut.

Überleg mal: Wenn Du etwas hast, das Dich reich macht, würdest Du dann freiwillig drüber reden, und anderen noch die Chance geben, es genauso machen? Würden wir nicht alle erst mal versuchen, soviel Geld wie möglich da raus zu holen? Ich bin REALIST, ... ☺ ... Sei Du es auch!!!

OK, Beispiel 1. Eine regionale Tageszeitung.

Wir suchen Sie
zur Verstärkung unseres Teams als
freiberufliche/n
Handelsvertreter/in
Sie sind erfolgsorientiert und
selbstständiges Arbeiten gewohnt.
Wir bieten Ihnen:
Photovoltaikanlagen als Bausatz oder
komplett montiert zum Vertrieb,
ein seriöses Firmenimage und
vollständige Einarbeitung.

Schicken Sie bitte ihre Bewerbungsunterlagen an die Geschäftsleitung.

Welche äußerlichen Informationen findest Du? Rahmen, Fettdruck, zentrierte Schreibweise, die wesentlichen Inhalte, die Du wissen musst, werden hervorgehoben dargestellt. Macht einen seriösen Eindruck. Dann lies jetzt mal den Text. Worum geht es? Die Firma hat Bedarf an Verkäufern, die eigenverantwortlich arbeiten können.

Wenn Du jetzt sagst: „Hallo, ich suche einen Nebenjob" – dann sage ich: „Wer sagt, das Du nicht nebenberuflich was verkaufen kannst?" Wenn es Dir liegt, dann kann das auch nebenberuflich geschehen. Wenn Du meinst, das ist nichts, dann lies das nächste Beispiel.

Interessant wird die obige Anzeige mit der Info, wo Du Dich bewerben sollst. Siehst Du es? Bei der Geschäftsleitung. Hm, … wo sonst solltest Du Dich denn bewerben? Bei denen in der Kantine?

Selbst wenn Du Deine Bewerbungsunterlagen an die Firma im Allgemeinen schicken würdest, wäre es ein Kind von Traurigkeit, wenn dort eine Bewerbung nicht an die Entscheider weitergereicht werden würde.

Vielleicht war das ein Lapsus, der einfach nicht gesehen wurde, als die Anzeige gestaltet wurde, MIR ist er jedoch aufgefallen, weswegen ich mich sofort fragen würde: Wird dort so dezentralisiert gearbeitet, das man direkt darauf hinweisen muss, sich bei der Geschäftsleitung bewerben zu müssen?

Oder verschwindet die Tagespost im Mülleimer? Samt Bewerbungsunterlagen von potentionellen neuen Mitarbeitern?

Beispiel 2. Eine Anzeige aus einem kostenlosen Blatt.

Wer arbeitet nicht gerne von Zuhause aus? Und da die meisten von uns auch einen DSL-Anschluss haben: **GOLD** draus machen? Wie geht das?

Schaut man sich die Homepage an, wird man eingeladen, eine einmalige Gelegenheit für eine Geschäftsmöglichkeit kennen zu lernen.

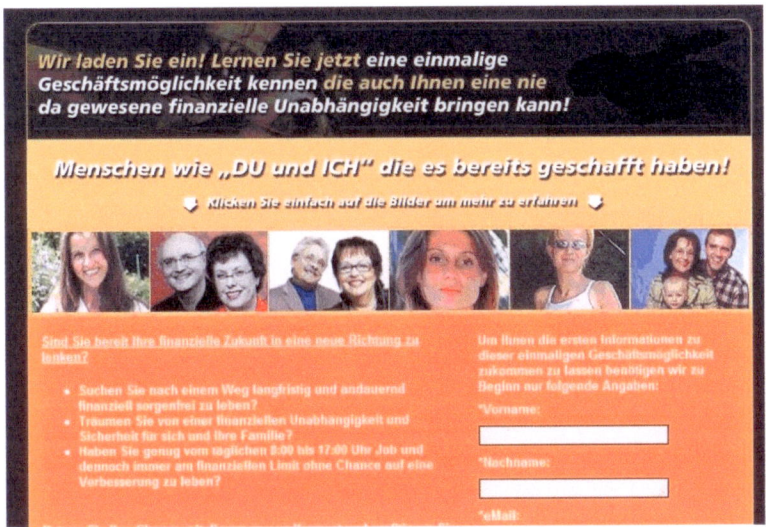

Eine Möglichkeit, die eine noch nie da gewesene finanzielle Unabhängigkeit bringen kann.

Liest man jedoch den Text auf der Homepage, findest Du nirgends etwas über die Arbeit, die gemacht werden muss, um so toll finanziell unabhängig zu werden.

Es wird lediglich der Hinweis gegeben, dass es sich um Wellness handelt. Aber ob Du jetzt Saunatücher verkaufen sollst oder Mineraldrinks, das weiß keiner.

Und dass erst Informationen versandt werden, wenn Du Dich registriert hast, erscheint mir mehr als zweifelhaft.

Nächstes Beispiel. Wieder die auffälligen Merkmale, Rahmen, Fettdruck. Doch nun lies den Inhalt. Hier findest Du klare Angaben, WER, WAS, WANN und WO verdienen kann. Respekt, das ist eine ordentliche und saubere Anzeige, in der alle Informationen vermittelt werden, die notwendiges Interesse erzeugen können.

Da gibt es nicht viel dazu zu sagen, so soll es einfach sein.

Nächstes Beispiel.

Wieder die auffälligen Kennzeichnungen, Rahmen, Fettdruck. Interessant wieder der Text. Es wird ein freier Mitarbeiter in einem soliden deutschen mittelständischen Familienunternehmen gesucht, das es nicht mal nötig hat, seinen Namen zu nennen, so solide ist es.

Analysiere den Text. Empfehlungsvertrieb ist die Tätigkeit. Das heißt nichts anderes als das Du etwas verkaufen sollst. Wahrscheinlich musst Du erst mal die Produkte selbst kaufen, damit Du davon „überzeugt" bist. Und empfehlen kannst.

Ist das Produkt so geheim, dass der Umweltpreis, der angeführt wird, nicht genannt werden kann? Was klingt besser: „Ein tolles Auto" oder „Ein toller BMW"? Die Marke macht es, und hier wird kein Hinweis gegeben, welches tolle Produkt den Umweltpreis gewonnen hat.

Ziel der Anzeige ist, Dich zum Anruf zu bewegen, mehr Infos zu erhalten. Dann wird ein persönlicher Termin vereinbart, denn am Telefon ist das Erklären ja viel zu umfangreich.

Das ich mich nicht vor Lachen fast weggeschmissen habe, war der letzte Satz: „Verkaufstalent ist ausdrücklich nicht gefragt". Ja klar, Du sollst die Produkte ja nur „empfehlen". Und wie verdienst Du Dein Geld? Mit Luft und Liebe?

Nächstes Beispiel.

> Gärtner-Hausmeister-Paar f.d. Pflege unseres Hauses samt Park nebenberufl.gesucht! Für wöchentl. je 10 Stunden Tätigkeit erhalten Sie kostenlos kl. Haus (2,5 Zi. gr. Wo -Kü., Bad. S-Terr., ☎

Na, wenn das nichts ist! Solche Anzeigen liebe ich, denn da wird die Chance gegeben, zu zweit einen guten Start hinlegen zu können. Aber Achtung: Die haben ein Haus mit Park. Ob die Pflege des gesamten

Hauses mit Park in 10 Stunden wöchentlich bewerkstelligt werden kann, bleibt zu prüfen übrig.

Trotzdem: Eine Chance kann es sein. Vielleicht sind es ja Besitzer, die eine soziale Ader haben. Wenn Du so eine Anzeige liest, dann überlege ernsthaft, ob das für Dich was sein könnte. Sogar mit Sonnenterasse!!! Vielleicht kannst Du Deine Dienste ja auch ohne Bezug des kleinen Häuschens anbieten. Das wäre doch schon mal was.

Nächstes Beispiel.

AG expandiert und sucht ...
1. Führungskräfte für Orga & Vertrieb
2000,- € mtl. Orga Honorar + Top-Provision, Mitarbeiter-Zuführung:
2. Kundenbetreuer für feste Termine
1500,- € mtl. Aufbau-Zuschuss + Provision, kein Verkauf & Beratung:
Telef. Kurzbewerbung ab 9.00 Uhr – Tel. 09 11 /

Ok, das hört sich doch recht interessant an, oder? Es werden Führungskräfte gesucht, die schon mal 2.000,- € monatlich als Orga Honorar erhalten, zzgl. einer Top Provision. Was bitte ist ein Orga Honorar? Und woher kommt das Geld?

Ah, da steht noch was, ... Mitarbeiter-Zuführung, ... Du musst also Mitarbeiter werben. Und da der zweite Punkt, Kundenbetreuer für feste Termine.

Wer macht die Termine aus? Vielleicht ein Callcenter, das im Hintergrund Leute anruft, um Termine zu vereinbaren. So weit so gut. Aber wie können 1.500,- € monatlich Aufbau-Zuschuss gezahlt werden, zzgl. der Provision, wenn kein Verkauf und keine Beratung stattfindet? Also wo kommt die Provision her, wenn nicht mal ein Produkt offeriert wird? Was soll der Kundenberater dann bei dem fest vereinbarten Termin tun?

Schon alleine anhand der Zahlen erscheint das Angebot der Tätigkeit als mit Vorsicht zu genießen. Schaut man sich die Internetseite an, sieht man, dass es um Finanzvermittlung und -beratung geht. Nun denn, wenn Dir das liegt, …

Nächstes Beispiel.

Zuverlässige, deutschsprachige **Reinigungskräfte** auf 400-€- Basis für Büroreinigungen i. d. Abendstunden gesucht.

Gebäudemanagement

Tel.: 09 11/

Und hier haben wir wieder eine klare Aussage, worum es geht. Wenn Dir Putzen liegt, Du in den Abendstunden Zeit hast, dann könnte das etwas sein, das für Dich wie geschaffen ist.

Suche gezielt nach solchen Anzeigen, wenn Du eine Reinigungstätigkeit ins Auge genommen hast. Wer weiß, wozu Deine Qualitäten in dem Unternehmen gut sind?

Nächstes Beispiel.

Referenten, ca. 50 - 75 Jahre, gesucht
Aufgabe: Vertriebsinteressenten schulen (2 Abend-Referate pro Woche) Wir schulen Sie gratis und beteiligen Sie intensiv an den Umsätzen Ihrer „Schuler". Das Fachwissen ist sehr überschaubar. Sie wirken durch **Ihr Alter** und Ihre Seriosität. Einsatzgebiet: Ihre Region. Kurzbewerbung mit Tel. an **@web.de**

Hier ein Jobangebot für das ältere Semester. Du schulst also Vertriebsinteressenten. Seltsam, wenn sich jemand für etwas interessiert, dann „informiert" man diese doch zuerst, oder? Und das DU, als Referent „gratis" geschult wirst, dann wollen wir doch mal voraussetzen, oder?

Oder sollst Du noch dafür bezahlen? Ah, und wann bekommst Du Dein Geld? Wenn die „Schüler" Umsatz erwirtschaften. Tun die das nicht, bekommst Du auch kein Geld. Auch eine Möglichkeit, jemanden auszunehmen. Und dass Dein Fachwissen überschaubar bleibt, könnte nichts anderes bedeuten, als das Du nur Deine Person und Deine Seriosität hergibst, andere zum Umsatz zu bewegen.

Und das alles in Deiner Region, in der Du vielleicht durch Vereinstätigkeit oder ähnliches bekannt bist, wie ein bunter Hund. Durch solche „Jobs" kann man sehr schnell seinen guten Leumund verlieren.

Mal ehrlich: Bist Du Dir das wert???

Und noch ein kleiner aber feiner Hinweis: Schau auf die eMailadresse. In der Regel haben seriöse Firmen eine Adresse, aus der die Domain erkenntlich ist.

Nächstes Beispiel.

Zuverl. handwerkl. Mann, f. Hausmeistertätigk., kl. Rep. Gartenanl., 400-€-Basis. ges. ☎ /540 8–14 h

Tja, was soll ich dazu schreiben? Kurz, prägnant, Du weißt worum es geht. Wenn Dein Werkzeug der Kugelschreiber ist, und Du den Unterschied zwischen Schraubenzieher und Schraubendreher nicht kennst, dann lass die Finger davon.

☺ Du kennst den Unterschied nicht? Na, dann versuch mal eine Schraube zu ziehen, … ☺

Nächstes Beispiel.

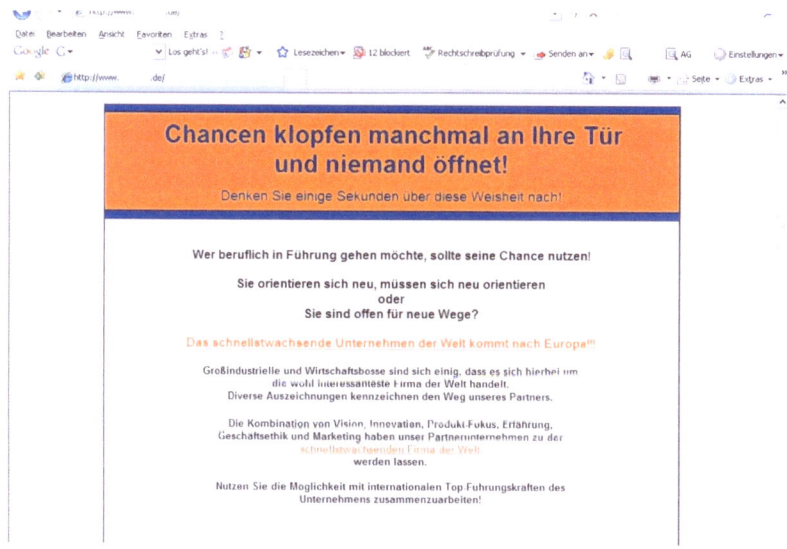

Die Anzeige finde ich marketingtechnisch echt gelungen. Ohne irgendeine Information preiszugeben, wird Interesse geweckt. Man will wissen, wer hinter der unleserlich gemachten Homepageadresse steht, man
will wissen, welcher Konzern da startet.

Na gut, schauen wir uns die Homepage an.

Und was sehen wir? Nichts, was irgendeinen Hinweis auf das Weltun-
ternehmen gibt. Interessant ist, dass der Inhaber der Homepage von einem „Partnerunternehmen" spricht. Man setzt also voraus, dass der
Betreiber der Homepage ein Unternehmen ist. Also schauen wir uns mal
das Impressum an. Und was stellen wir fest? Keine Unternehmensbe-

zeichnung, aus der die Art des Unternehmens erkenntlich wäre. Und was ich für völligen Nepp halte, ist der Hinweis auf der Homepage, mit „internationalen Top-Führungskräften zusammenarbeiten" zu können.

Hallo? Geht´s noch? Für wie blöde hält man Dich, dass Topkräfte ausgerechnet auf Deine Bewerbung warten? Also: Schnell Finger weg von solchen oder ähnlichen Angeboten! Außer Du willst zocken, …

Nächstes Beispiel.

Rollstuhlfahrerin sucht Helfer/in auf 400,-
E-Basis od. Aushilfe. ☎ 089/

Na also, wer die soziale Ader spürt, und so eine Anzeige liest, der findet sicherlich einen dankbaren Mitbürger, der sich um jede Art der Hilfe freut. Und was willst Du mehr, als mit der Befriedigung nach Hause gehen zu können, für Dein Geld was echt Gutes getan zu haben?

Nämlich einem Menschen geholfen zu haben, der wirklich Hilfe notwendig hatte?

Nächstes Beispiel.

VOLL- ODER TEILZEIT-JOB von zu Hause aus, auch als Zusatzverdienst für Damen + Herren auch Rentner. Anmeldung unter: www. - .com

Tja, … langsam bin ich es Leid, ständig dasselbe zu schreiben. Surft man auf die Homepage, stellt man folgendes fest: Der Konzern, mit dem zusammen gearbeitet wird, wird nicht genannt, Du erhältst keine Information, WAS Du tun sollst, Du wirst mit den „Erfolgen" von „Partnern" gelockt, Dich selbst so erfolgreich machen zu können, und so weiter, und so fort.

Ich nenne das schlicht und einfach Propaganda im eigenen Zwecke. A-ber eine Information, worum es überhaupt geht, ist außer dem allgemei-nen Begriff „Wellness" nicht zu finden.

Nächstes Beispiel.

Sind Sie die perfekte Sekretärin?
Beherrschen Sie Word, Excel und Outlook?
Dann suchen wir Sie - vorerst auf Minijob-Basis
Montag, Dienstag, Donnerstag von 8 - 13 Uhr
91233 Neunkirchen a S
☎ Tel. 0 91 23 /

Hast Du zu der angegebenen Tageszeit Zeit? Entsprichst Du den Anfor-derungen? Dann such nach solchen Anzeigen in Deiner regionalen Pres-se. Das ist doch genau das, was Du immer gesucht hast, ….

Bis 3500,- als Produkttester f. Markenar-tikel u. v. m. verd., ☎ 0800/

Das ist gut gemacht – zuerst eine kostenlose 0800 Rufnummer anwäh-len, und dann die 0900- Rufnummer anrufen, die auf der Bandansage mitgeteilt wird.

Solltest Du Dich darüber wundern, in letzter Zeit Werbeanrufe verschie-dener Firmen zu bekommen – vielleicht wurde hier Deine Telefonnum-mer gespeichert und verkauft! Wer weiß?

www.die revolution.
Werden Sie zum intelligenten Globalpartner!

Hier wieder ein sehr gutes Beispiel der „Strohfeuer" im Internet. Der Betreiber ist unter der Internetadresse nicht mehr zu erreichen, ….

Soll ich Dir was sagen? Mit den bisherigen Beispielen sollte Dir klar geworden sein, worauf Du achten musst. Hier ein paar weitere Beispiele, die mit Vorsicht zu genießen sind:

Sie suchen …? Wir suchen SIE!
Zusatzeinkommen im Bereich Organisationsmanagement Tel 09505/

ZUKUNFT? Arbeitslos? Wollen
Sie sich beruflich verändern? Suchen
Sie eine neue Herausforderung?
Eine nebenberufliche Tätigkeit?
Oder ein zweites Standbein?
Gründlich Einarbeitung und Unterstützung
INFO: www. .info

Begleitservice sucht zuverlässige,
junge Damen ☎ 0'51/

11 Stellen zu besetzen, im Angestellten-
verh., Vollzeit; tel. Bewerbung Mo. Fr.
9-13 Uhr: ☎ 0911/

Unternehmerkonzept für Macher
solides Eink. 150. T€ im ersten
Jahr möglich. Kein Kapitaleinsatz –
kein Risiko! Info. ☎ 0 30 /
www.team   .de

**Milliardenmarkt - Arzt bietet Top-Franchise
für Verkaufs-'und Vertriebsprofis mit Welt-
patent. www.**

**Neuer Network Gigant!!! TEAMWORK,
TIMING. PROFIS! EINFACHES SYSTEM**
☎ 030-   , www.   .com

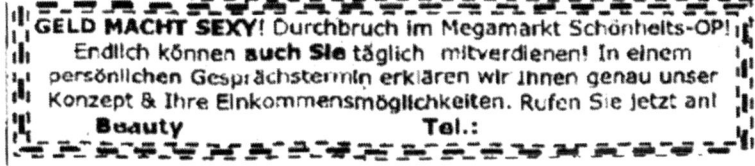

PC / Bürotätigkeit
selbständig von zu Hause aus !!!
Telefon (03294)
28- €/Std mög. Info unter:
www.jobkontor-

www.   -geheimnis.com
Wann erfüllen Sie sich Ihre Träume...???

Diese und ähnliche Anzeigen findest Du in jeder Zeitung. Ich kann mich erinnern, ich kannte mal eine Frau, die sprach mich mal an, ob ich nicht Lust hätte, WIRKLICH Geld verdienen zu wollen.

Nun, die Dame verkaufte Amway-Produkte. Amway als Unternehmen selbst halte ich für recht interessant, die scheinen Haushaltsprodukte herzustellen, die echt was helfen. Jedenfalls wollte die mich werben, damit ich an meine Kontakte was verkaufen soll.

Nun, interessant war, dass sie selbst wohl nicht soviel damit verdient hat. Denn sie arbeitete zusätzlich auf 400,- € - Basis in einem Callcenter!

Also: Wenn Dich jemand für etwas gewinnen will, dann schau Dir auch das Umfeld der Person an. Wenn da drei oder vier Tätigkeiten wie Versicherungen, Strukturvertrieb etc. nebenbei zusätzlich laufen, ist die Person entweder so Multitaskingfähig, das es funktioniert, oder so auf dem Schlauch, das Du als „neuer Partner" mit Deinen Umsätzen (an denen der „Werber" wiederum bonusmäßig verdient) die Kohlen aus dem Feuer holen musst.

Bilde Dir Dein eigenes Urteil und entscheide selbst, wie Du drüber denkst.

Und hier sind Beispiele von Zeitungsanzeigen, mit denen Du wirklich etwas anfangen kannst.

• **Zuverlässige Haushaltshilfe** für 3 Personen-haushalt in 90617 Fürth/Puschendorf für einmal pro Woche gesucht. PLZ 906

Mitarbeiter für Hausmeister-
tätigkeit und Objektbetreuung
sowie Reinigungskräfte im
Raum Roth Mo - Fr gesucht.
Tel. 0911/

Aushilfe f. Hot-Dog-Catering im Stadion Nbg. gesucht ☎ 01 60/

Selbst. Putz-/Bügelhilfe f. 3 Std./Wo. in N-Thon, v. Priv. ges. ☎ 01 77/

Die   Hoch- und Tiefbau GmbH in   sucht zwei Reinigungskräfte auf 400-€-Basis. Zu reinigen wären die Büroräume, Gemeinschaftsräume und die sanitären Einrichtungen. Der Arbeitsaufwand beträgt ca. 12 Stunden pro Woche. Bewerbungen richten Sie bitte telefonisch an Verena ☎ 09 11/

Servicepersonal, 400-€-Basis, ab 18 J., f. junges Team ges., ☎ 01 75/

Flex. Telefonistin (400 €) ges., Kenntn. im Medizinbereich erw., ☎ 09 11/

Prospektverteiler/in in Rm. Nbg. auf 400,-€ Basis. ☎ 0171/

```
┌─────────────────────────────────────┐
│         Suchen dringend              │
│        nebenberufliche               │
│  Reinigungskräfte (m/w)              │
│      für Nürnberg und Fürth          │
│  Immobilien                          │
│  ab 5. 3. 2007. Tel.: 0911/          │
└─────────────────────────────────────┘
```

Prinzip verstanden? Meine Erfahrung ist, dass im Verhältnis gesehen eine Quote von 6 zu 4 besteht. Von 10 Anzeigen sind 6 für den Müll.

Such Dir also bei Deinen Recherchen die 4 Anzeigen raus, die Deinen Anforderungen an eine seriöse Beschäftigung am nahesten kommen. Und denk dran: Suche. Auch wenn es etwas länger dauern kann, und der Erfolg sich nicht sofort einstellt.

Thema Heimarbeit. Auch eine Variante eines Nebenjobs. Wie aber findet man Heimarbeit als Nebenjob? Und vor allem: Wie kann man Kriterien für „gute" und „schlechte" Heimarbeit festlegen?

Tja, Angebote an Heimarbeit gibt es viele. Da wird mit PC-Jobs von Zuhause aus geworben, allseits bekannt ist das „Kugelschreiber-Zusammenbauen" und sogar Flirtlines wollen Mitarbeiter, die bei „freier Zeiteinteilung" von Zuhause aus arbeiten.

Aber eines muss man sich bei Heimarbeit im Klaren sein: In unserer Zeit, in der viele Aufgaben schon von Robotern gemacht werden, ist „Heimarbeit" sehr selten geworden.

Selbst das angeführte Zusammenbauen von Kugelschreibern machen Maschinen in einer Geschwindigkeit, in der Menschen niemals arbeiten würden.

Wenn Du also glaubst mit dieser Tätigkeit Geld verdienen zu können, dann rechne mal nach: Kugelschreiber werden in der einfachen Ausführung schon für 39 Cent angeboten.

Bau mal einen einfachen Kugelschreiber auseinander. Woraus besteht er? Aus in der Regel 8 Teilen: Oberkappe, Unterkappe, Feder, Mine, Abstandsring, Haken, Inlay und Drücker.

Hier ein Bild von den Teilen, entnommen aus Wikipedia:

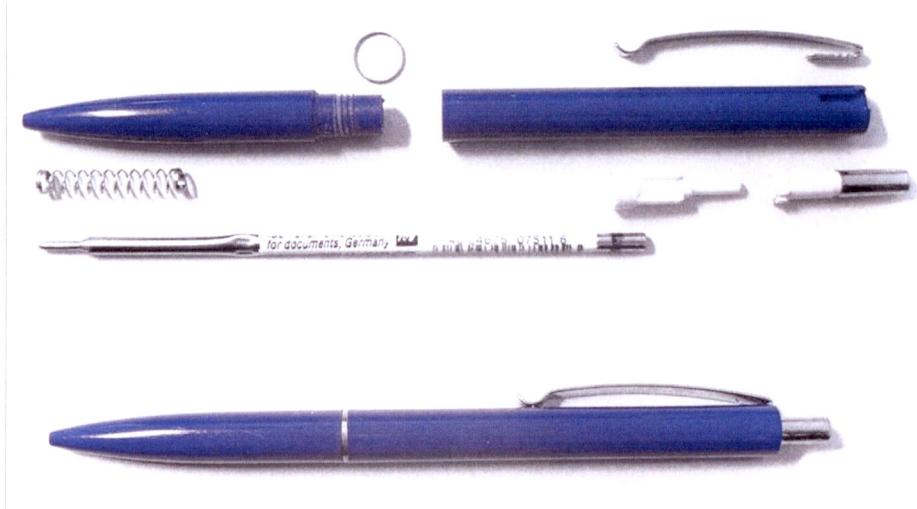

Und jetzt mach mal den Test: Bau mal einen Kugelschreiber auseinander, leg Dir die Teile auf den Tisch, und stopp die Zeit, die Du benötigst, um ihn wieder zusammenzubauen.

Anhand dieses sehr einfachen Beispiels wirst Du schnell feststellen, dass Du damit kein Geld verdienen wirst. Denn bei 39 Cent Verkaufspreis will das Unternehmen Gewinn machen, Du willst bezahlt werden, und das Material schlägt auch noch zu Buche.

Wenn Du also diese Tatsache begriffen hast, kannst Du das Prinzip „Kugelschreibermontage" schnell auf andere „Heimarbeiten" übertragen und Dir ein Bild davon machen, ob es sich für Dich rentiert oder nicht.

Leider fallen sogar im 21. Jahrhundert noch immer Menschen auf diese Masche rein. Und diese Masche wird in vielen anderen „Geschäftsbereichen" angewendet.

Interessant hier das Statement der Verbraucherschutzzentrale Hamburg. Also ich liebe es, auf solchen Seiten im Internet zu surfen, und die schwarzen Schafe so öffentlich bloßgestellt zu sehen. Die haben nämlich eine Liste veröffentlicht, welche Unternehmen, die zweifelhafte Verdienstangebote anbieten, abbildet.

Diese Liste ist im Internet auf der Homepage der Verbraucherschutzzentrale Hamburg unter **www.vzhh.de** unter dem Link „Markt & Recht" für jedermann einsehbar. Dort werden die Internetadresse und der Name der Firma genannt, die Art des Nebenverdienstes und die Versprechungen sowie die Kritik an der angebotenen Tätigkeit.

Vergleiche die Anzeigen und Du wirst schnell feststellen, dass auch vorhin abgebildete Anzeigen unter diese Kategorie fallen können und werden.

Unseriöse Angebote erkennst Du IMMER daran, das einer oder mehrere der nachfolgenden Punkte auf das Stellenangebot zutrifft:

- Du weißt nicht, mit wem Du es zu tun hast; kein Firmenname, keine Adresse

- „Wenig" oder „Leichte" Arbeit, die „ohne Vorkenntnisse" durchgeführt werden soll

- Verdienstmöglichkeiten von 1000,- € oder mehr pro Woche

- Die Beschreibung der Tätigkeit lässt nicht erkennen, WAS gemacht werden soll

- Ein „Startpaket" muss gekauft werden oder Kosten für einen Schulungslehrgang bezahlt werden

- „Geringe Investitionsgebühr" muss bezahlt werden

- Informationen gibt es nur gegen Bekanntgabe Deiner kompletten Adressdaten

- Es wird nur auf Internetadressen verwiesen, die keine weiteren Informationen bereitstellen sondern auf Anmeldeseiten verweisen

- Informationen über die Tätigkeit können telefonisch über eine 0180- oder 0900- Nummer erfragt werden; auch die Vorgehensweise, das eine Ortsnummer angerufen werden soll, auf der ein Band geschaltet ist, das auf kostenpflichtige Rufnummern hinweist, ist üblich

- Die Tätigkeit wird in einem Hotel oder nur bei Dir zuhause erläutert

Grundsätzlich gilt immer: Holzauge – sei wachsam!

Je einfacher die Tätigkeit beschrieben wird, und je leichter es sei, Geld damit zu verdienen, desto vorsichtiger solltest Du sein. Niemand hat etwas zu verschenken, und niemand bezahlt Dich für etwas, hinter dem keine oder nur wenig Leistung steht.

Nächstes Thema: Gesundheit und Wellness.

Es wäre unrealistisch zu behaupten, die Gesundheitsbranche wäre kein Markt mit Umsatzzahlen in Milliardenhöhe. Demzufolge ist auch mit einem Anstieg des Konsumverhaltens in diesem Bereich zu rechnen.

Für viele seriöse und unseriöse Unternehmen eine Branche, die als Megatrend gesehen und dementsprechend verkauft wird.

Die Fakten liegen klar auf der Hand. Die Bevölkerung wird aufgrund der verbesserten Versorgung immer älter, immer mehr Menschen wollen auch im Alter vital und gesund sein und der Begriff „Generation 50+" ist zu einem Schlagwort geworden.

Und dennoch: Nur weil der Begriff „Wellness" verwendet wird heißt das noch lange nicht, dass auch Gesundheit drin steckt. Bestes Beispiel sind dazu die Angebote von Hotels. Nachdem der Begriff Wellness nicht geschützt ist, darf sich jedes Haus, das eine versiffte Sauna im Keller hat, auch Wellnesshotel nennen.

Gott sei dank wissen jedoch viele Verbraucher, dass ein gewisser Standard von Nöten ist, um auch wirklich ein Wellnesshotel zu erkennen.

Wie Du sicherlich weist, bieten viele Unternehmen mit dem Oberbegriff Wellness auch diverse Jobs an.

Wie Du jedoch bereits an den Ausführungen erkennen konntest, ist der Bereich ein sehr zweischneidiges Schwert. Lass Dich nicht dazu animieren, das unternehmerische Risiko auf Dich zu nehmen, in dem Du Waren einkaufst, mit Deinem Geld bezahlst, vielleicht einen Kleinkredit dafür aufnimmst, und dann auf eigene Verantwortung weiter vertreibst.

Dann bist Du nämlich gewerblich Selbständig tätig, und das zieht einen Rattenschwanz nach sich, der bei der Gewerbeanmeldung anfängt, und bei Steuerberatungskosten nicht wieder aufhört.

Wenn Du selbst mit Gesundheitsprodukten und Wellness nichts am Hut hast, lass die Finger davon. Das heißt nicht, dass Du es nicht nutzen kannst, aber wenn der Vertrieb nicht Deine Welt ist und intensive Beratung von Kunden – was im Gesundheitsmarkt Wellness absolut notwendig ist – Dir nicht liegt, wirst Du damit eher kurz als lang auf die Nase fallen.

So, kommen wir zum angekündigten Thema Bewerbung. Der Schritt Nummer 3 also.

Eine Bewerbung für eine Tätigkeit ist wie ein Aushängeschild. Ich will das mal verdeutlichen. Stell Dir vor, Du gehst am Samstagmorgen auf einen Flohmarkt. Du bist nicht direkt auf der Suche, sondern willst einfach nur mal schauen.

Und dann siehst Du es. Das Teil, das Dir in Deinen Hausrat so richtig reinpassen würde. Du nimmst es in die Hand, und das erste das Dir auffällt, ist das speckige, verschmierte Gefühl zwischen den Fingern. Da würde selbst der Dampfstrahler an seine Grenzen kommen.

Nun gut, die Vorstellungen von Hygiene gehen vielerorts weit auseinander. Aber der gelbe Schmierfilm auf Deinen Fingern, der sich nach Zurücklegen deutlich zeigt, ist Ekel erregend.

Du gehst weiter, und siehst ein ähnliches Stück. Hey, eigentlich ist es ja genau das gleiche. Es blitzt und blinkt im Sonnenschein, lacht Dich regelrecht an! Das könnte sofort ins Regal gestellt werden, und alle würden Dich drum beneiden.

Für welches Teil würdest Du Dich entscheiden?

Diese Metapher soll nur darstellen, wie Deine Unterlagen wirken können.

Viele Entscheider in Personalbüros legen einfach Wert auf eine ordentliche und saubere Bewerbung. Da müssen keine teuren Bewerbungsmappen gekauft werden, eine Klarsicht-Einlegehülle tut es genauso.

Aber die Eselsohren und Fettränder am Rand des Blattes können sehr schnell darüber entscheiden, ob Du für den Job in die engere Auswahl kommst, oder nicht! Und vergiss nicht: Bis jetzt sind das alles SUBJEKTIVE Entscheidungen, die mit Deinen Qualifikationen noch gar nichts zu tun haben.

Hier ein wichtiger Tipp: Wenn Du Unterlagen verschickst, dann immer im A4 Format. Knicke NIE Deine Unterlagen um Portokosten zu sparen.

Und dann das Bild. Bewerbe Dich IMMER mit einem Bild. Egal, welche Tätigkeit auch ausgeschrieben ist. Wenn Dein Farbdrucker es qualitativ hergibt, dann druck ein gescanntes Foto von Dir mit auf die Bewerbung bzw. den Lebenslauf.

Und vergiss nicht: Der erste Eindruck ist entscheidend.

Wenn das Foto einen Tag nach dem vierteljährlichen Besäufnis stattgefunden hat, dann sieht man das. Egal, wie toll Du Dich an dem Tag „danach" gefühlt haben mögest.

Ah, das Foto. Achte auf Qualität. Wenn Du keine Fotos hast, dann lass ordentliche machen. Hier wieder ein Tipp: Mach ein Halbkörperfoto, das Dich ab dem Bauch zeigt.

Als Mann trägst Du ein dem Anlass entsprechendes ordentliches Hemd vielleicht mit Krawatte (und bitte keine Hawaihemden, Jungs, …), als Dame trägst Du eine passende Bluse mit angemessenem Ausschnitt.

Und damit ich den Beweis nicht schuldig bleiben muss, kommt hier ein echtes (!) Beispiel einer Bewerbung, wie man es lieber NICHT machen sollte:

Profil aufrufen
Region: Nürnberg Nürnberg
Erstellungsdatum: 01.12.07

Anzeige melden:

Regel-   Falsche
verstoß   Kategorie

Hallo liebe Arbeitgeber!
Ich würde mich sehr freuen, wenn Sie mir Ihren freien Arbeitsplatz (halbtags) anbieten können.
Ich bin eine ausgebildete Rechtsanwaltsfachangestellte und beherrsche das Handwerk sehr gut! Ich arbeite selbständig und zügig und scheue keine Überstunden.
Darf ich ein paar Tage probearbeiten und Sie von meinen Qualitäten überzeugen?

Größeres Bild anzeigen

Mädels, … wir Männer sind Jäger und Sammler. Und nix törnt uns mehr an, als das Holz vor Deiner Hütte. Glaub mir, richtig verpackt, kann Dein Bild der Renner werden. Vielleicht wirst Du damit von Matador entdeckt … Wer schaut nicht gerne so eine attraktive Frau wie Dich an?

Sollte Dein Bild jedoch so heiß sein, das die Pinups im Spind mit Deinem Foto konkurrieren werden, dann denk drüber nach, dass Du mit dem Foto schnell einen „Ruf" weg haben könntest.

Und deswegen den Job nicht bekommst. Weil sonst die Kollegen was anderes im Kopf haben, als die Arbeit.

Und dann lieber Bewerber für einen Nebenjob: der Gesichtsausdruck. Lächle. Auch wenn es Dir gekünstelt erscheint, lächle die Kamera an. So wie Du lachst, wenn Du Dich über etwas freust. Denn einen Miesepeter will kein Arbeitgeber haben. Ein Lächeln aber verbindet. Und macht Dich unbewusst sympathisch.

Achte auf Deine Frisur. Wenn Du gerade aus dem warmen Bett entstiegen bist, dann wäre ein Waschgang in der Dusche mit anschließender Frisuroptimierung nicht schlecht. Und wenn Du Wert auf Details legst mein Freund, dann schneid Dir die Nasenhaare. Denn erstaunlicherweise ist dieses Problem wohl anatomisch begründet bei Frauen nie zu finden.

Was will ich damit sagen? Ordentliche Unterlagen, ordentliche Fotos, ein ordentliches Erscheinungsbild hat noch nie geschadet. Im Gegenteil, diese Art der Qualität spricht für Dich, für Deine Seriosität, für Deinen Willen, qualitativ hochwertige Arbeit leisten zu wollen. Auch wenn es „nur" ein Nebenjob ist. Und das kommt dann erst recht gut an.

Motiviere Dich damit, dass Du Bewerbungsunterlagen hast, die andere vielleicht nicht haben. In den letzten Jahren ist wieder verstärkt ein Trend zu den guten alten Werten zu verzeichnen. Nutze diese Trendrichtung, Dich auf klassische Werte einstellen zu können.

Diese Bewerbung ist Dein Aushängeschild. Deine Chance, einen ersten guten Eindruck zu hinterlassen wird dadurch immens gesteigert. In der Regel hat man dafür keine zweite Chance. Es ist wie eine Visitenkarte. Glaube nicht, nur weil Du eine schriftliche Bewerbung abgegeben hast, liegst Du auf dem Stapel ganz oben. Mache Chefs entscheiden innerhalb von Sekunden, ob Du „geeignet" bist, oder nicht. Und die Entscheidung fällt, obwohl Du gar nicht dabei bist, und ihn von Deinen Qualifikationen persönlich überzeugen konntest.

Wenn die Form nicht stimmt, ist der Inhalt für den Müll. Hochinteressant: Jedes Unternehmen im Internet, das sich auf die Vermittlung von Arbeitskräften spezialisiert hat, hat irgendwo eine Site, auf der Bewerbungstipps gegeben werden. Denk über diesen Satz mal nach.

Wenn die Bewerbung nicht so wichtig wäre, dann würden die das nicht machen. Arbeitsvermittler und sogar Krankenkassen und die Arbeitsagentur bieten Kurse an, WIE man sich RICHTIG bewirbt. Kaum zu glauben, aber wahr! Dieser Punkt ist ein Defizit, das Du Dir auf keinen Fall zu Eigen machen darfst.

Wenn Du also glaubst, Deine Unterlagen sind so richtig gut geworden, dann ab in den Umschlag und zur Post damit. Schicke Deine Bewerbung normal ab. Auch wenn Du glaubst, das die Information darin so heiß ist, bringt eine als Einschreiben mit Rückschein versandte Bewerbung keinen Vorteil. Im Gegenteil, es hinterlässt einen Eindruck, als würdest Du der Sache nicht ganz trauen.

Es gibt auch die Möglichkeit, sich online über Rekrutingsysteme zu bewerben. T-COM z. Bsp. setzt so eine Bewerbungsmöglichkeit für Onlinebewerbungen ein.

Hier registriert man sich in einem Formular, und kann dann in einem geschützten Bereich seinen persönlichen Lebenslauf hinterlegen. Auch wenn die „Bewerbung" völlig unpersönlich ausfällt, so sei bitte versichert, sie wird gelesen.

Und noch ein wichtiger Punkt: Manchmal kann es sein, dass Unternehmen sich nicht zu erkennen geben, sondern die Stellenanzeige durch einen Personalservice oder ein Consultingunternehmen schalten lassen.

Hier entscheidet im ersten Schritt also nicht das Unternehmen, sondern ein externer Berater, ob Du für den Job in die engere Auswahl kommst.

Du musst also zweimal überzeugen. Einmal den Berater, und wenn er Dich für einen möglichen Kandidaten hält, dann das Unternehmen.

Umso wichtiger ist es also, mit ordentlichen Bewerbungsunterlagen den vorgeschalteten Berater zu überzeugen. Wenn Du diese Stelle für Dich gewinnen konntest, dann wirst Du nämlich „empfohlen".

Und Empfehlungsmarketing ist beim Verkauf eine nicht zu unterschätzende Größe. Also denk dran: Du musst Dich „verkaufen", den Wert Deiner Qualifikation nicht nur optisch sondern auch auf Papier zum Ausdruck bringen.

Vielleicht klappt es ja mit der anvisierten Stelle nicht. Dann hast Du es aber zumindest geschafft, Deine Unterlagen in einem Unternehmen zu positionieren, das sich mit der Suche nach Kandidaten für offene Stellen beschäftigt. Und hier sind wir wieder beim Thema: Wer weiß, wozu es gut ist? Vielleicht bekommst Du ja ein anderes Angebot.

Kapitel 6

Mögliche Nebenjobs

Nachfolgend will ich ein paar Nebenjobs beschreiben, mit denen Geld verdient werden kann. Ich will aber auch nicht verschweigen, welcher Aufwand mit so manchem Job verbunden sein kann.

Nebenjobideen findet man wie Sand am Meer. Oftmals wird in Anzeigen dafür geworben, „nebenberuflich" einzusteigen, um es dann zum Hauptjob ausweiten zu können. Grundsätzlich muss man sich im Klaren darüber sein, dass solche Jobangebote zumeist einen gewerblichen Charakter haben.

Hier sind wir wieder beim Aufwand, der damit verbunden ist. Gewerbeanmeldung, Steuerberater, Werbung, etc. Wenn Du so etwas suchst, dann wirst Du in den nachfolgenden Beispielen vielleicht die eine oder andere Idee finden.

Suchst Du nach einem „Minijob", dann wirst Du Beispiele finden, die Dich unter Umständen in einer Firma vielleicht unterbringen können.

Jobangebot *„Computer-Notdienst"*

Das Angebot findest Du in jeder Zeitung. Es hat einen gewerblichen Charakter. Verdienst ab ca. 10,- € pro Stunde, je nach Vorkenntnis. Finger weg davon, wenn du keine Ahnung von PC´s hast. Denn solltest du ohne Absicherung und ohne Gewerbeanmeldung den PC eines Deiner Kunden schrotten, könnten empfindliche Schadensersatzansprüche geltend gemacht werden.

Jobangebot „*Inventurhilfe*"

Dieses Angebot findest Du meistens bei Jahreswechsel oder in den Sommermonaten. Es hat einen Minijobcharakter. Verdienst ab ca. 5,- € pro Stunde. In der Regel arbeitest Du ein bis mehrere Tage in großen Baumärkten, SB-Häusern oder ähnlichem, und machst eine Bestandsaufnahme, meistens in den Abendstunden oder am Wochenende. Möglichkeit, kurzfristig Geld zu verdienen, keine dauerhafte Verdienstmöglichkeit über mehrere Monate hinweg.

Jobangebot „*Fahrer oder Lieferservice*"

Findet man auch in jeder Zeitung. Hat Minijobcharakter. Verdienst ab ca. 5,- € pro Stunde. Nachteil: In der Regel bekommst Du kein Fahrzeug gestellt, sondern musst mit Deinem Auto fahren. Wenn's nichts zu tun gibt, verdienst Du auch kein Geld. Rechnet man die Fahrzeugkosten im Verhältnis zum Verdienst = Verlustgeschäft. Gleiches Prinzip gilt, wenn man Dich am Umsatz beteiligen will.

Jobangebot „*Kellner oder Bedienung*"

In der Gastronomie wird immer gesucht. Hat Minijobcharakter. Verdienst ab ca. 5,- € pro Stunde, meistens zzgl. Trinkgeld. Wenn Du mehrere Teller jonglieren, Dir Preise und Speisekarten merken kannst, und noch flink zu Fuß bist, könnte das für Dich interessant sein. Aber: Knochenjob, kann stressig werden.

Über das Trinkgeld jedoch kann es lukrativ für Dich sein. Wichtig: Du brauchst ein Gesundheitszeugnis, musst körperlich und mental auch belastbar und flexibel einsetzbar sein, und auch mal unpassende Kommentare wegstecken können.

Jobangebot *„Platzanweiser"*

Hab mich selber gewundert, aber ich habe tatsächlich eine solche Stellenanzeige gelesen. Hat Minijobcharakter. Verdienst ab ca. 5,- € pro Stunde. Ich glaube aber nicht, dass hier das große Potential zu finden ist.

Jobangebot *„Plakatkleber"*

Wird nicht so häufig gesucht, gibt es aber trotzdem. Hat Minijobcharakter. Verdienst. Ca. 7 – 9,- € pro Stunde. Ich bin immer wieder erstaunt, wie viele Plakatwände es im Zeitalter der digitalen Medien gibt. Wenn Kleister und Papiertapete Dich fürchten, kann es ganz interessant sein. Nachteil: In der Regel mit eigenem Fahrzeug, oft sind die Plakatwände nicht direkt anfahrbar, so dass Du Laufwege, Parkplatzsuche etc. hast. Wichtig: Die eigenen PKW-Kosten berücksichtigen.

Jobangebot *„Promoter"*

Wird sehr häufig gesucht. Hat gewerblichen Charakter. Verdienst kann aber attraktiv sein, und bei bis zu 20,- € pro Stunde liegen. Voraussetzung: Überzeugungskraft, Verkaufstalent, kommunikative Stärken. Nachteil: Keine Verdienstgarantie, sehr hoher persönlicher Einsatz.

Jobangebot *„Stadtführer"*

Wird gelegentlich gesucht, hat Minijobcharakter. Verdienst liegt bei ca. 10,- € pro Stunde, zzgl. eventueller Trinkgelder. Voraussetzung: Gute Kenntnisse der historischen Geschichte der Stadt, kommunikative Fähigkeiten, und gut „zu Fuß" sollte man sein. Nachteil: Wind & Wetter Job, keine Garantie, auch Teilnehmer für Führungen zu haben, abhängig von Sehenswürdigkeiten. Hat man einen Job in einer Burg oder ähnlichem Gebäude, dann kann die Tätigkeit auch auslastend sein.

Jobangebot „*Call-Center Agent*"

Wird sehr viel gesucht, hat Minijobcharakter. Verdienst ab 5,- € pro Stunde, je nach Tätigkeit. Voraussetzung: Freundliche Stimme, schnelle Auffassungsgabe im Umgang mit unternehmensbezogener Anwendungssoftware. Hier unterscheidet man zwischen Inbound und Outbound. Im Inbound werden Anrufe entgegengenommen, in der Regel also Hotlines, Bestellannahmen oder Servicerufnummern. Im Outbound werden Kunden aktiv angerufen für Meinungsumfragen, Kundenrückgewinnung oder Telefonverkäufe. Auf jeden Fall vorzuziehen wäre eine Tätigkeit im Inbound, da Outbound stark von persönlichen Faktoren abhängig sein kann. Und: Genervte Gesprächspartner, die teilweise sehr rüpelhaft sein können, müssen weggesteckt werden können.

Jobangebot „*Taxifahrer*"

Wird gesucht, hat Minijobcharakter. Verdienst ab 6,- € pro Stunde. Wer sich auskennt, und im Notfall auch einen Straßenplan lesen kann, hat gute Chancen. Voraussetzung: Höflichkeit, sichere Fahrweise, Taxischein. Nachteil: oft Einsätze als Nachtschicht oder am Wochenende.

Jobangebot „*Tankstellenaushilfe*"

Wird gesucht, hat Minijobcharakter. Verdienst ab ca. 5,- € pro Stunde. Meist werden Aushilfen für die Abend- oder Spätschicht gesucht. In der Regel arbeitest Du dann alleine, machst den Kassenabschluss und räumst das Gelände zum Dienstschluss ab. Voraussetzung: Kontaktfreudigkeit Kunden gegenüber, Kenntnisse der Bedienung einer Registrierkasse, Verkaufstalent, Durchsetzungsfähigkeit in Stressmomenten. Nachteil: Bei Frauen erhöhtes Risiko zu später Stunde auch mal angebaggert zu werden. Das kann den Herren der Schöpfung aber auch passieren.

Jobangebot „*Zeitungsausträger oder Prospektverteiler*"

Wird gesucht, hat Minijobcharakter. Verdienst ab ca. 4,50 € pro Stunde. Wer morgens ausschlafen will, hat bei dem Jobangebot nichts verloren. Ansonsten kann damit ein gutes Zubrot verdient werden, meistens springt ein Freiabo der verteilten Zeitung auch mit raus. Wer Umsatzchancen erkennt, kann sich – sofern möglich und erlaubt - mehrere Auftraggeber angeln, um so auch mehr zu verdienen.

Jobangebot „*Umzugshelfer*"

Wird gesucht, hat Minijobcharakter. Verdienst ab ca. 6,50 € pro Stunde. Gute Umzugshelfer werden immer gesucht, also ist das auch ein Job für eine Initiativbewerbung. Voraussetzung: Körperliche Belastbarkeit, A-bend- und Wochenendeinsätze müssen möglich sein. Vorteil: Es springt ein gutes Trinkgeld raus, bei guten Auftraggebern auch belegte Semmeln und Getränke. Nachteil: Termindruck, da oft nach Pauschalen abgerechnet wird. Je eher man fertig ist, desto besser für´s Geschäft.

Jobangebot „*Fahrservice*"

Wird gelegentlich gesucht, hat gewerblichen Charakter. Verdienst ab ca. 7,- € pro Stunde. In der Regel werden Senioren chauffiert, mal zum Einkaufen, mal zum Arzt, mal zum Besuch der Enkel. Voraussetzungen: PKW, Taxischein, zeitliche Flexibilität. Vorteil: Trinkgelder, die nicht unerheblich sein können.

Jobangebot „*Einkaufsservice*"

Wird aufgrund der demographischen Entwicklung zukünftig mehr gesucht werden. Angelehnt an das vorherige Jobangebot. Senioren wollen immer mehr selbstbestimmt ins Alter gehen, und weitgehend unabhängig bleiben. Hat gewerblichen Charakter. Verdienst ab ca. 7,- € pro Stunde. Voraussetzung: PKW, zeitliche Flexibilität, Organisationstalent.

Jobangebot *„Gärtner"*

Wird immer wieder gesucht. Hat gewerblichen Charakter, kann aber auch als Minijob angeboten werden. Verdienst ca. 6,- € pro Stunde. Voraussetzung: Körperliche Belastbarkeit, Pflanzenkenntnisse, vertrauter Umgang mit Gartengeräten. Wer auf diesem Gebiet was drauf hat, und gerne in der freien Natur arbeitet, kann sich damit durchaus ein festes Standbein aufbauen. Vorteil: Weiterempfehlungen bei wirtschaftlichen Preisen und guter Arbeit. Nachteil: Wind & Wetterjob.

Jobangebot *„Garderobe"*

Ein begehrter Job, deshalb selten gesucht, weil schnell belegt. Hat Minijobcharakter. Verdienst ca. 7,- € pro Stunde. Keine wesentlichen Voraussetzungen außer gepflegtem Erscheinungsbild und kommunikative Fähigkeiten. Nachteil: Wird meistens nur in größeren Städten, Messestandorten oder Veranstaltungshallen gesucht.

Jobangebot *„Imbissverkäufer"*

Wird gesucht, hat Minijobcharakter. Verdienst ab ca. 4,- € pro Stunde, meist plus Umsatzbeteiligung und Freiverpflegung. Wer mit Grillzange umgehen, belegte Brötchen oder Snacks zaubern kann, findet hier ein breites Betätigungsfeld. Wird meist bei Großveranstaltungen wie Fußballspielen, Messen, Weihnachtsmärkten, Kirchweihen oder Stadtfesten gesucht. Voraussetzungen sind Gesundheitszeugnis, Verkaufstalent, zügige Arbeitsweise und freundliches Auftreten Kunden gegenüber. Nachteil: Meist am Abend oder am Wochenende.

Jobangebot „*Hostess*"

Hier ein Jobangebot ausschließlich für Frauen. Wird regelmäßig gesucht, hat Minijobcharakter, Verdienst ab 10,- € pro Stunde. Einfache Aufgabe: Schön sein, Männer anlächeln können und Kaffee kochen sowie Gebäck oder Snacks reichen. Ziel der Tätigkeit ist meistens die „Augenweide" zu sein, wonach die Tätigkeit eher in den Hintergrund gerät. Bei vielen jungen Frauen ein sehr begehrter Job, nicht zuletzt wegen den Standparties.

Jobangebot „*Nachhilfelehrer*"

Wird immer wieder gesucht, hat gewerblichen aber auch Minijobcharakter. Verdienst ab 8,- € pro Stunde, je nach Vorbildung. Eignet sich nur dann, wenn man auf dem Gebiet der Nachhilfe auch firm ist. Wer von Deutsch keine Ahnung hat, und die Wurzel aus 6 nicht ziehen kann, sollte die Finger davon lassen. Wird gerne von Studenten oder Lehrern durchgeführt.

Jobangebot „*Testkäufer*"

Wird gelegentlich gesucht, ist meist aber unseriös. Hat gewerblichen Charakter. Verdienst ab 15,- € pro Stunde. Es gibt nur wenige Firmen in Deutschland, welche seriöse Dienstleistungen auf dieser Ebene anbieten, wenngleich in letzter Zeit vermehrt Inserate in Zeitungen und im Internet zu lesen sind. Demzufolge ist die Erwartungshaltung an Testkäufer immens hoch. Seriosität, ein gutes Gefühl für Schauspielerei, hervorragende Beobachtungsgabe ist nur ein Teil davon. Vorteil: Eine tolle Tätigkeit mit interessanten Eindrücken, teilweise auch Feedbackgespräche auf Geschäftsführerebene. Nachteil: eigener PKW, Rentabilität erst bei größeren Touren und perfekter Planung von Aufträgen. Zeitliche Flexibilität wochentags muss vorhanden sein, kein Abend- oder Wochenendjob.

Jobangebot *„Wachdienst oder Sicherheitsdienst"*

Wird sehr viel gesucht, hat Minijobcharakter. Verdienst ab 5,50 € pro Stunde. Ist eine tolle Möglichkeit, zu Großveranstaltungen zu kommen, ohne Eintritt zu bezahlen. Wer in ein Unternehmen kommt, das Messenah aufgestellt ist, kann auch für Stand- oder Hallenwachen eingesetzt werden. Hohe Fluktuation der Mitarbeiter. Vorteil: Eingeschworene Gemeinschaft, hohe Akzeptanz in der Bevölkerung. Nachteil: Im Verhältnis zum Aufwand geringe Bezahlung, meist Nacht- oder Wochenendtätigkeit, teilweise bei Großveranstaltungen gefährlich (z. Bsp. Rockkonzerte). Darüber hinaus verlangen viele Unternehmen, das ein 4tägiger Kurs der IHK besucht wird, und auch selbst bezahlt wird (ca. 425,- €). Über das nötige persönliche Erscheinungsbild sowie einen einwandfreien Leumund sollte man verfügen.

Jobangebot *„Heizkörperableser"*

Selten gesucht, aber sehr interessant. Hat Minijobcharakter, wird meistens aber gewerblich durchgeführt, Verdienst ca. 9,- € pro Stunde. Voraussetzung: Kundenorientierung, zeitliche Flexibilität, technisches Geschick, kann auch abends und am Wochenende durchgeführt werden. Wer gut ist, kann sich auch damit Trinkgelder verdienen.

Jobangebot *„Babysitter"*

Wird mehr angeboten als gesucht. Hat Minijobcharakter, wird aber meistens gewerblich ausgeübt. Verdienst ab ca. 6,- € pro Stunde. Wer entsprechende Zertifikate (Jugendamt, DRK) nachweisen kann, selbst Kinder im angebotenen Betreuungsalter hat, über entsprechende Ausbildung wie Kindergärtnerin oder Kinderkrankenschwester verfügt, wird bevorzugt. Keine wirkliche Männerdomäne.

Jobangebot *„Pförtner, Nacht-Portier oder Night-Auditor"*

Wird gesucht, hat Minijobcharakter, Verdienst ab ca. 7,- € pro Stunde, zzgl. eventueller Zuschläge für Nachtarbeit. Vorteil: Ruhiger Job, einfache Kontroll- und Einlasstätigkeiten. Nachteil: Meist Abend- oder Nachtschicht, in Hotels werden gelegentlich Softwarekenntnisse verlangt. Trotzdem begehrte Tätigkeit.

Jobangebot *„Bestattungshelfer"*

Kein Witz, wird gesucht, hat Minijobcharakter, Verdienst ab 8,- € pro Stunde. Das Geschäft mit dem Tod boomt, auch wenn das Bestattungswesen in letzter Zeit aufgrund Sargschwindel und überzogener Preise etwas in Verruf gebracht wurde. Man sollte körperlich fit sein, so ein Sarg samt Inhalt kann schnell mal 120 kg erreichen, die zu zweit gehoben werden müssen. Solltest Du auch für Hilfsdienste bei der Versorgung des Verstorbenen eingesetzt werden, dann empfiehlt sich ein robuster Magen und manchmal auch starke Nerven.

All die genannte Beispiele sollen Exemplarisch dafür stehen, welche Möglichkeiten an Nebenjobs tagtäglich angeboten werden. Darüber hinaus findet man eine Unzahl an weiteren Jobmöglichkeiten, welche alle aufzuführen völlig unmöglich ist.

Letztendlich geht es darum, das Du Dir im Klaren darüber bist, welche ART von Tätigkeit Du durchführen möchtest.

Kapitel 7

Familie

Was soll ich schreiben? Was willst Du hören? Was erwartest Du zu lesen?

Bist Du verheiratet? Die Ehe ist die kleinste Zelle der menschlichen Gemeinschaft. Die Ehe ist der Grundstock für menschliche Fortpflanzung. Gut, man kann sich auch fortpflanzen, auch ohne verheiratet zu sein. Ist keine Schande. Aber dennoch: Indem zwei Menschen den so genannten „Bund des Lebens" eingehen, wollen sie füreinander da sein, sich lieben, ehren, und so weiter und so fort.

Im 21. Jahrhundert braucht man die Ehe nicht wirklich, um sich gegenseitige Liebe und Treue zu bekunden. Dennoch ist es ein Zeichen der Zeit, dass Beziehungen immer mehr auf die leichte Schulter genommen werden, egal ob man verheiratet ist, oder „nur" zusammen lebt.

Vielleicht hast Du Kinder, die in den Kindergarten oder schon zur Schule gehen. Du weißt also, dass Dein Leben nicht nur aus der Arbeit besteht, wenngleich dieser Part in Deinem Leben einen wichtigen Teil einnimmt. Ohne Arbeit bist Du nicht in der Lage, Deinen Partner und Deine Kinder zu versorgen. Selbst die sozialen Fangnetze sind in den letzten Jahren erheblich an ihre Grenzen gestoßen und ich bin überzeugt, der Trend wird nicht besser werden.

Egal wie Deine Situation persönlich und familiär aussieht, so ist es doch das Wichtigste, das dieser Punkt Deines Lebens geregelt ist. Wie kann man das regeln? Nun, ich bin kein Therapeut, noch habe ich genügend Erfahrung, hier mit Ratschlägen superschlau daher zu kommen.

Trotzdem gibt es einige Eckpunkte, die es lohnenswert machen, darüber nachzudenken, was Familie für Dich und Deine Angehörigen bedeuten kann. Das ist deshalb wichtig zu tun, weil Du ohne den Rückhalt Deiner Familie nur eingeschränkt leistungsfähig bist und den Kopf nicht frei hast, Dich auf etwas vollständig konzentrieren zu können.

Diese angesprochenen Eckpunkte will ich mal versuchen zu definieren. Vielleicht siehst Du Dich darin bestätigt, vielleicht bist Du auch der Meinung, es könnte der eine oder andere Punkt dazu oder weg. Auch hier gilt wieder: Du bist Deines eigenen Glückes Schmied. Nimm Dir das zu Herzen, was Dir wichtig ist und verwende das, was Du für akzeptabel hältst. Nicht alles, was irgendwo geschrieben steht, ist auch wirklich in Deinem Fall wichtig und richtig.

Jede Situation, jede Beziehung, jedes Verhältnis ist immer aus verschiedenen Blickpunkten betrachtbar. Hier also meine, für mich wichtigen Eckpunkte:

1. Liebe.

2. Treue.

3. Fürsorge

Na, mit was hast Du jetzt gerechnet? Ich persönlich glaube, dass in diesen drei Wörtern mehr drin steckt, als man auf den ersten Blick glauben mag. Und ich glaube auch, dass damit die wesentliche Basis für erfolgreiche Familienpolitik gelegt ist.

Lass es mich erklären. Liebe, Treue und Fürsorge sind drei Begriffe, die ein breites Spektrum an Inhalt abdecken. Was das wesentliche daran ist: Alle drei Wörter sind mit Taten behaftet. Wer nicht liebt, wird auch nicht geliebt werden. Wer nicht treu ist, wird auch keine Treue erwarten können und wer sich nicht um andere sorgt, wird bald alleine da stehen.

In der Liebe werden im Wesentlichen 5 Arten unterschieden. So kann man auf **www.wikipedia.de** eine interessante Abhandlung über Nächstenliebe, Mutterliebe, Erotischer Liebe, Selbstliebe und der Liebe zu einem Gott nachlesen.

Alle diese Arten der Liebe behandeln in ihrer Eigenheit Bereiche des Lebens, die jeden Menschen betreffen, egal ob es ihm oder ihr bewusst ist oder nicht. Nehmen wir die Selbstliebe. Man muss kein Narzist sein um zu wissen, dass jeder Mensch seine eigene, individuelle Schönheit besitzt. Auch in der Hässlichkeit findet sich eine gewisse individuelle Schönheit wieder. Trotzdem würde keiner von uns sich selbst so verabscheuen, dass er sich absichtlich Schmerzen oder Wunden zufügen würde. Außer es besteht ein eventueller Trieb, der aus krankhaften oder selbstverachtenden Gründen da ist.

Diese Selbstliebe sorgt dafür, das wir nicht lächelnd über Bahngleise gehen, während ein Zug kommt oder von einem Turm zu springen.

Die Liebe in all ihren Formen sorgt also dafür, dass die zwischenmenschlichen Beziehungen in einer Familie funktionieren. Selbst wenn die Liebe auch mal weh tut. Denn auch aus Liebe kann man manchmal Dinge tun, die schmerzen. Aber letzten Endes ist es immer die Liebe, die uns bewegt, etwas GUTES tun zu wollen.

Liebe also Deine Familie. Du musst nicht überschwänglich dabei sein oder Deine Liebe lautstark zum Ausdruck bringen. Manchmal sind es einfach die kleinen Dinge, die anderen Deine Liebe zeigen. Dein Partner mag sich über Blumen freuen oder darüber, dass der Hochzeitstag nicht vergessen wurde (auch dass soll hin und wieder vorkommen). Vielleicht freuen sich Deine Kinder, wenn Du ihnen sagst, heute einen Tag Urlaub genommen zu haben, um den Nachmittag mit ihnen zu verbringen. Wie gesagt, es sind die kleinen Dinge, die das Leben lebenswert machen.

Diese gegenseitige Liebe wird es auch sein, die Verständnis hervorrufen wird, wenn Du mit Deiner Familie darüber sprichst, warum ein Nebenjob für Dich notwendig geworden ist. Denn mit dieser Liebe wird jedes Mitglied Deiner Familie verstehen, warum Du in einem Teil Deiner Freizeit, die Zeit, die eigentlich Deiner Familie und Dir gehört, doch nicht da sein wirst.

Und wenn die Kinder dann sagen, sie verzichten auf das Taschengeld, um zur Linderung der Situation beizutragen, dann siehst Du, dass wirklich Liebe im Spiel ist und selbst die Kinder sich darum sorgen, wie sie Dir helfen können.

Treue. Ich bringe persönlich damit Loyalität und Vertrauen in Verbindung. Treue zu zeigen ist eine schwierige Sache, weil Treue mit Selbstdisziplin behaftet ist. Zumeist suchen wir uns den leichtesten Weg, um zum Ziel zu kommen. Doch Treue im Leben zu zeigen, ist oft schwer. Treu zu sein bedeutet, aktiv etwas zu vertreten, das man anderen zugesagt hat, obwohl diese nicht dabei sind.

Treue wird oft mit sexueller Treue in Verbindung gebracht. Gerade in einer Beziehung ist diese Art der Treue – oder Untreue – ein wesentliches Merkmal, an dem wir gemessen werden. Den Partner zu hörnen, mag in der schnelllebigen Zeit einfach sein. Es gibt genügend Möglichkeiten, seine Attraktivität auszutesten und dem Flirt mit der Arbeitskollegin auch ein kleines Stelldichein folgen zu lassen.

Es gibt genügend Agenturen, die im Internet oder mittlerweile sogar in Zeitungen für „seriöse, diskrete" Seitensprünge werben. Der Seitensprung an sich ist gesellschaftsfähig geworden, und wer keine(n) Liebhaber(in) hat, ist in manchen Kreisen entweder prüde oder langweilig.

Aber betrügt man seinen Partner, betrügt man auch sich selbst, egal ob verheiratet oder nicht. Und darüber muss man sich im Klaren sein. Die Zeichen der Zeit haben sich geändert. Der Trend zu Treuebezeugungen ist in letzter Zeit permanent zu beobachten. Und: Es ist nicht schwierig fremdzugehen. Wirklich schwierig ist es, der Versuchung im kleinen Schwarzen zu widerstehen.

Und wahre Stärke zeigt man, indem man den Verlockungen standhalten kann. Egal, ob es sich um was Süßes handelt, weil Du gerade abnehmen möchtest oder weil was Süßes grade schick verpackt im Mini vor Dir steht (da ich ein Mann bin, wähle ich hier die weibliche Form ☺).

Niemand wird Dich verachten, weil Du der Versuchung widerstanden hast. Im Gegenteil, man wird echten Respekt vor Dir haben, weil Du Dich selbst im Griff hast. Und diese Art des Respekts wird es sein, die Deine Familie und Deinen Partner stolz auf Dich sein lässt.

Treu zu sein schließt aber noch mehr ein. Treu heißt auch zuverlässig zu sein. Was würden Deine Kinder davon halten, wenn Du dauernd versprichst, dies oder jenes mit Ihnen zu unternehmen, aber es nicht einhältst?

Was würden Deine Verwandten oder Bekannten von Dir halten, wenn Du Ihnen Hilfe oder Unterstützung zugesagt hast und dann aus fadenscheinigen Gründen absagst, die so offensichtlich sind, dass es zum Himmel schreit? Oder vielleicht gar ohne etwas zu sagen, gar nichts machst?

Du hättest sehr schnell Deinen „Ruf" weg. Und glaub mir: Zuverlässigkeit ist eine Kür, die ständig gezeigt werden muss. Und Unzuverlässigkeit ist leicht zu erreichen. Wofür wärst Du lieber bekannt?

Der dritte Punkt: Fürsorge. Sich um jemand zu sorgen zeigt, dass ein Mensch für Dich einen Wert hat. Im Normalfall geht man davon aus, dass diese Fürsorge sich auf die Menschen bezieht, mit denen Du es tagtäglich zu tun hast, also Deine Familie und engere Bekanntschaft.

Fürsorglich zu sein heißt, sich um Belange zu kümmern, die anderen helfen. So zeigt man Fürsorge, wenn man beim Heranwachsen der Kinder sich darum sorgt, in welchen Kreisen sie verkehren. Man zeigt Fürsorge, wenn die vielleicht betagten Eltern unterstützt werden oder Verwandte mit körperlichen Gebrechen entlastet werden, indem man Einkäufe für sie erledigt. Oder sich einfach mal nur eine Stunde Zeit nimmt, einen Kaffee mit ihnen zu trinken, und sich die kleinen Sorgen anzuhören.

Fürsorge zu zeigen ist eine Kunst, die jedoch schnell in Extreme abgleiten kann. Denn zuviel Fürsorge kann auch eingrenzen, einengen oder die Entwicklung in körperlicher oder geistiger Hinsicht beeinträchtigen.

Für Dich wichtig ist, dass Deine Fürsorge ein aufrichtiges Interesse an Deinen Lieben und Mitmenschen erkennen lässt. Wenn das gegeben ist, werden Deine Aktivitäten auch mich Wohlwollen gesehen und unterstützt. Und glaub mir: Jeder Familienvater, der sich liebevoll um seine Frau und Kinder sorgt, jede allein erziehende Mutter, die sich den Widrigkeiten des Lebens stellt, wird mit Achtung belohnt. Jedes Kind, egal ob Jugendlicher oder Erwachsener, das sich um seine Eltern, Geschwister oder Verwandten kümmert, wird mit Stolz bedacht.

Wenn diese drei für mich wichtigen Punkte, Liebe, Treue und Fürsorge einen angemessenen Platz in Deinem Leben haben, dann wird sicherlich der Grundstock gelegt sein, ein ausgewogenes Verhältnis zur Arbeit zu behalten.

Denn über eines musst Du Dir im Klaren sein: Du kannst Geld verdienen ohne Ende. Du kannst ein dickes Bankkonto haben, und meinetwegen auch eine Yacht oder ein Penthouse in New York. Wenn Du aber niemanden hast, der Dich liebt und den Du liebst, wenn Du niemanden hast, der Dir treu ist, oder wenn Du nichts hast, um Fürsorge schenken oder empfangen zu können, wird Dein Leben nicht vollständig ausgefüllt sein.

Und Dir wird immer etwas fehlen. Nämlich das Gefühl der Zufriedenheit, etwas Gutes getan zu haben. Auch wenn dieses Gute materiell nicht zu greifen ist.

Lass also niemals zu, dass Geld der Inhalt Deines Lebens wird. Nicht umsonst sagt man, dass Geld die Wurzel allen Übels ist. Hat man zuwenig, ist man unzufrieden, hat man zuviel, wird man unzufrieden, weil man mehr will. Lass das Geld ein Mittel zum Zweck werden, und setze bei all Deinen Planungen IMMER die Familie in den Mittelpunkt. Alles andere drum herum wird sich durch eine durchdachte Planung und Organisation regeln lassen.

Und glaub mir: Du wirst zufriedener sein, wenn Dein Lebensmittelpunkt die Familie und nicht das Geld ist.

Kapitel 8

Checklisten

Wir haben im Laufe dieses Ratgebers viele Sparpotentiale angerissen, die es dir möglich machen können, zuhause bereits ohne großen Aufwand mit dem Sparen anzufangen.

Ich weiß jedoch aus eigener Erfahrung, wie schwierig es ist, sich selbst so zu organisieren, dass man den vollen Überblick erhält.

Aus diesem Grund habe ich in diesem Kapitel eine kleine Zusammenstellung von Möglichkeiten aufgeführt, die Dir helfen können, zuerst eine Übersicht bei Dir zuhause zu erstellen, um hier die Sparmöglichkeiten ausreizen zu können.

Du findest im Internet unter **www.vzbv.de** den Bundesverband Verbraucherzentrale. Von hier aus kannst du gezielt nach Organisation und Bundesland suchen, um passend zu Deinem Wohnort entsprechende Adressen zu ermitteln. Wie bereits schon erwähnt geben die Verbraucherzentralen sinnvolle Ratschläge, Tipps und Hilfen, wie man im täglichen Leben Chancen und Risiken erkennen kann.

Die Adresse **www.sparen.de** ist eine sehr gute Anlaufstelle, um sich umfassend zum Thema Sparen zu informieren.

Die regelmäßig erscheinende Zeitschrift Geldidee **(www.geldidee.de)** bündelt kompakt Verbraucher-Informationen, die nachhaltig den Geldbeutel entlasten können.

Aber auch der Sparkassenverband bietet viele Informationen, wie man Geld sparen kann. Zum Beispiel, wie man sein persönliches Budget nachhaltig plant. Unter der Internet-Adresse

www.geldundhaushalt.de/download_budgetplaner.html gibt es einen Budgetplaner zum Download. Ähnliche Planer und Hilfen bieten selbstverständlich alle anderen Finanzinstitute auch an.

Alle Informationen, die ich Dir in diesem Buch zusammengestellt habe sind im Internet kostenlos nachzulesen. Du kannst also auch selbst recherchieren, und Dir das downloaden, was Du benötigst. Selbst das Bundesministerium für Wirtschaft und Technologie bietet auf seiner Homepage unter **www.bmwi.de** unter dem Menüpunkt Energie Ratschläge, wie man Energie effizienter einsetzt bzw. sparen kann.

Wenn Du damit dann Deine ersten Erfahrungen gesammelt hast, wirst Du mit Spaß daran gehen können, auch die Energie- und Kommunikationskosten sowie die Kosten für Verbrauchsmaterial unter die Lupe zu nehmen.

Auf diesem Weg wirst Du schnell feststellen, wie einfach es ist, mit simpler Auflistung Sparmöglichkeiten aufzudecken, und diese in die Praxis umzusetzen.

Und wenn Du Dir diese Basis geschaffen hast, DANN siehst Du, wie viel Geld Du wirklich benötigst, um finanziell liquide zu bleiben. Dann such Dir den entsprechenden Nebenjob.

Aber denk dran: Ich lege hier für Dich nur die Basis. Ob dieses Fundament für Dich reicht oder ob Du es weiter festigen möchtest, kannst nur Du selbst entscheiden.

Also kannst Du die Möglichkeiten nutzen oder sein lassen. Erfahrungsgemäß bedeutet es sehr viel Überwindung, erst mal damit anzufangen. Diesen „inneren Schweinehund" zu überwinden, daran scheitern viele. Hat man ihn jedoch überwunden, dann findet man mehr und mehr Gefallen daran, sich selbst und die eigenen Ausgaben zu checken.

Mit der Zeit entwickelt man auch ein Gefühl für „teuer" oder „günstig", eine Fähigkeit, die in Zeiten der Preissteigerung erheblich nützlich sein kann. Man muss jedoch wissen, dass „teuer" nicht gleich unbezahlbar ist, und „günstig" nicht gleich billig ist.

Man kann billige Dinge einkaufen, die in den Folgekosten teurer kommen. Genauso kann man teure Produkte beziehen, die es – mit etwas Recherche – woanders günstiger gäbe.

Ich sage immer: einen wirtschaftlich sinnvollen Preis sollte man bezahlen. Eine „Geiz-ist-geil" Mentalität ist werbewirksam gut einsetzbar, macht praktisch in vielen Fällen jedoch keinen Sinn. Wie bereits schon in diesem Buch mehrfach angeklungen, ist es manchmal sinnvoller, nachzurechnen, was ein Produkt inklusive der Nebenkosten „wirklich" kostet, anstatt nur den „billigen" Preis zu sehen.

Und wer sich einige Zeit damit auseinandersetzt wird ein Gefühl dafür bekommen, wie man Schnäppchen machen kann, ohne den Geldbeutel allzu sehr zu belasten. Und wenn diese Schnäppchen aus den Einsparungen bezahlt werden können, die im Haushalt erreicht wurden, dann ist die Freude darüber umso größer.

Kapitel 9

Deine Zukunft

Ich hoffe, dass Dir viele Anregungen gegeben wurden, wie man Geld sparen kann, um sich finanziell entlasten zu können. Wir müssen uns jedoch im Klaren darüber sein, dass alles, was wir wollen oder tun möchten, meistens Geld kostet. Dieses Geld kommt nicht von alleine!

Da wir alle uns also finanzieren müssen, liegt der Schwerpunkt Deiner Zukunft darin, in einem ausgewogenem Maße für ein Einkommen sorgen zu können, mit dem Du Dich und Deine Familie über die Runden bringen kannst, mit dem Du etwas auf die „hohe Kante" legen kannst, um für unvorhergesehene Ausgaben gerüstet zu sein.

Ein Einkommen, das es Dir aber auch ermöglicht, mal was Gutes tun zu können, oder auch mal Deine Lieben zum Essen ausführen zu können, ohne überlegen zu müssen, ob man sich das leisten kann. Ausgewogenheit ist also der Kern der Sache. Nur weil man Geld hat, heißt das nicht, dass man sich alles leisten kann und soll.

Geld ist manchmal auch die Wurzel des Übels. Vergiss das nicht.

Aber wichtig bei all den – nur oberflächlich angerissenen – Ratschlägen: Du musst für Dich selbst herausfinden, was Du umsetzen willst und was nicht. All die Pseudoratgeber, in denen Du nach Anleitung zu Geld kommst, können allenfalls im Kaminofen von Nutzen sein. Dann hast Du wenigstens etwas Wärme im Wohnzimmer.

Das Ziel dieses Buches war und ist, Dich selbst anzusprechen. In Deinem Inneren, Deinem Herzen, Deinem Verstand etwas zu bewirken. Das Ziel war und ist, „Hilfe zur Selbsthilfe" leisten zu wollen.

Das Ziel war und ist es, finanzielle Ressourcen, die es in jedem Haushalt gibt, freizulegen. Das Ziel war und ist es, Dir zu helfen, zuerst bei Dir Zuhause nachzusehen, wo man Geld sparen kann. Deshalb habe ich auch ausführlich über Themen gesprochen, die unter Umständen nicht direkt etwas mit einem Nebenjob zu tun haben. Indirekt jedoch kann hier am meisten Geld gespart werden.

Wenn Du Dir einen realistischen Haushaltscheck erstellt und Deine möglichen Sparpotientiale zu Hause ausgeschöpft hast, dann weißt Du wirklich, wo Du finanziell stehst.

Und wenn Du immer noch der Meinung bist, weitersuchen zu müssen, weil Dir das Buch nicht das gegeben hat, was Du benötigst, dann suche bitte weiter. Irgendwann wirst Du feststellen, dass all die „Informationen", Geld mit wenig oder gar keiner Arbeit verdienen zu können, nichts wert sind.

In den meisten Fällen bekommst Du für Dein Geld keine realen Ratschläge, sondern wirst mit Erfolgsberichten zugekleistert, was andere im Internet verdient haben. Nun, vielleicht haben die das wirklich verdient. Aber für welchen Preis?

Sei realistisch. Jemand mag seinen Erfolg im Internet gefunden haben, weil er von der Sache Ahnung hatte. Aber wenn Du keine Ahnung von eCommerce und Vertrieb hast, Marketingkenntnisse bei Dir nicht up2date sind, dann lass die Finger davon. Ein Analphabet schreibt auch kein Buch.

Niemand, der von der Materie keine Ahnung hat, kann Geldideen umsetzen, die andere versprechen. Das ist ein Versprechen, das mit Leutseligkeit gegeben wird. Es geht immer nur ums Geld. Nämlich um DEIN Geld. Wenn Du im Internet Geld verdienen willst, dann brauchst etwas, das andere haben wollen.

Du kannst keinen neuen Markt erschaffen, außer Du bist Erfinder. Und selbst die scheitern oft daran, weil das finanzielle Polster nicht vorhanden ist, den Markt auf das neu entwickelte Produkt aufmerksam zu machen.

Du willst Geld verdienen. Du willst einen regelmäßigen, berechenbaren und seriösen Job machen. Entweder Du wirst Unternehmer und bietest eine Leistung an, für die Dich andere bezahlen oder Du suchst Dir etwas, mit dem Du zusätzlich Geld verdienen kannst. Und wenn es im Sommer Rasen mähen ist und im Winter Schnee schippen.

Aber schnell, ohne Arbeit, innerhalb von 48 Stunden, im Schlaf eine Geldmaschine zu erhalten, ein Produkt aus dem Wellnessbereich zu empfehlen oder zu vertreiben oder Vertriebspartner zu finden, die für Dich verkaufen, das ist nichts, mit dem Du einen finanziellen Verdienst real KALKULIEREN kannst. Du kannst nur hoffen, dass es funktioniert.

Was nützen Dir Tipps, die Dir nicht effektiv helfen, weil Du sie nicht nachvollziehen kannst? Was nützen Dir Erfahrungsberichte von Leuten, die Du nicht kennst, die Du nicht selbst fragen kannst, ob es ich wirklich so verhält, wie es beschrieben ist?

Deine Zukunft liegt in Deiner Hand. Warte nicht darauf, dass andere etwas tun. Die kommen erst dann, wenn sie sehen, dass DU etwas tust. Entweder, um etwas vom Kuchen abzubekommen (das sind dann die Schmarotzer) oder um etwas beizutragen.

Ich hatte es irgendwann schon mal geschrieben, und ich kann es nur noch mal wiederholen: Du bist für Dich selbst verantwortlich. Letzten Endes stehst Du in Deinen Entscheidungen immer alleine da.

Da ist niemand, der für Dich und das, was Du tust, die Verantwortung übernimmt. Das musst Du selbst. Und Du stehst immer alleine da, wenn es darum geht, Entscheidungen zu treffen, die die Weichen für Deine Zukunft stellen.

Deshalb noch mal die Bitte und der Rat: Prüfe, was Du vorhast. Wenn Du Dir nicht sicher bist, ob Dein Vorhaben für Dich gut ist, dann besprich es mit Menschen, denen Dein Wohl am Herzen liegt. Meistens sind das der Partner, die Eltern oder Geschwister. Oder gute Freunde.

Hör Dir Meinungen an, auch wenn diese Deine Euphorie in Bezug auf ein neues Projekt oder Vorhaben dämpfen mögen. Nicht immer verderben viele Köche den Brei. Manchmal ist es sogar sehr gut zu hören, wie andere über etwas denken.

Und wenn Du trotz der Bedenken Deiner Umwelt von einer Sache überzeugt bist, dann zieh sie durch. Und stehe auch dazu. Vor rund 100 Jahren wurde auch gesagt, es wäre alles erforscht, was es zu erforschen gäbe. Mittlerweile wird mit Nanotechnologie experimentiert.

Die Erfahrung wird Dich reicher machen, egal ob positiv oder negativ. Und für die Zukunft wirst Du daraus gelernt haben, es vielleicht besser zu machen.

Die Zukunft liegt in Deiner Hand. Zögere nicht und pack es an. Und lass mich mal wissen, ob Du Erfolg hattest.

Ich wünsche Dir von ganzem Herzen, dass Du den Erfolg den Du benötigst, haben wirst, um in Deinem Leben beruflich und privat vorwärts zu kommen.

Viel Glück!!!